二战战术手册

巷战与火力支援战术

［英］史蒂芬·布尔　［英］格尔顿·L.罗特曼　著

郑亚博　郭伟猛　译

民主与建设出版社
·北京·

© 民主与建设出版社，2024

图书在版编目（CIP）数据

二战战术手册：巷战与火力支援战术 /（英）史蒂芬·布尔,（英）格尔顿·L. 罗特曼著；郑亚博，郭伟猛译 . -- 北京：民主与建设出版社，2024.9. -- ISBN 978-7-5139-4717-6

Ⅰ . E83-62

中国国家版本馆 CIP 数据核字第 2024GE1762 号

World War II Street-Fighting Tactics by Stephen Bull
© Osprey Publishing, 2008
World War II Infantry Fire Support Tactics by Gordon L.Rottman
© Osprey Publishing, 2016
This translation of is published by Chongqing Vertical Culture Communication Co. Ltd. by arrangement with Bloomsbury Publishing Plc.
All rights reserved.

著作权登记合同 图字：01-2024-5279

二战战术手册：巷战与火力支援战术
ERZHAN ZHANSHU SHOUCE XIANGZHAN YU HUOLI ZHIYUAN ZHANSHU

著　　者	［英］史蒂芬·布尔　［英］格尔顿·L. 罗特曼
译　　者	郑亚博　郭伟猛
责任编辑	金　弦
封面设计	但佳莉
出版发行	民主与建设出版社有限责任公司
电　　话	（010）59417749　59419778
社　　址	北京市朝阳区宏泰东街远洋万和南区伍号公馆 4 层
邮　　编	100102
印　　刷	重庆长虹印务有限公司
版　　次	2024 年 9 月第 1 版
印　　次	2024 年 11 月第 1 次印刷
开　　本	787 毫米 ×1092 毫米　1/16
印　　张	14
字　　数	227 千字
书　　号	ISBN 978-7-5139-4717-6
定　　价	99.80 元

注：如有印、装质量问题，请与出版社联系。

目 录

第一部分
二战中的巷战战术 1

引　言 3
城市地区的"闪电战" 9
东线，1941—1944年 24
在意大利作战获得的经验和教训 48
欧洲西北部的美国陆军 59
德国，1945年 74
结　论 83

第二部分
二战步兵火力支援战术 117

引　言 119
步兵火力支援武器 125
火力支援武器的效能 136
火力支援单位 150
编制——从班到团 152
战术使用 169
战　例 185
结　论 194

英制—公制单位换算表

距离和长度
1 英里 ≈1.609 千米

1 码 ≈0.914 米

1 英尺 ≈0.304 米

1 英寸 ≈2.54 厘米

重量
1 磅 ≈0.453 千克

1 盎司 ≈28.349 克

1 英担 ≈50.8 千克

容积
1 盎司（英制）≈28.41 毫升

1 英制夸脱 ≈1.136 升

1 英制品脱 ≈0.568 升

二战中的巷战战术

第一部分

威尔·切赫（Will Tschech）的战时画作《掷弹兵》（Grenadiere），以浪漫主义的形式描绘了城市废墟中正在进行的残酷战斗。该画作曾在慕尼黑的"德国艺术之家"展出。

引　言

巷战——也就是如今我们常说的"建筑物密集区作战"（FIBUA）或"城市地形中的军事行动"（MOUT）——早在《圣经》时代就已出现。将巷战作为一个战术主题加以论述的人，古已有之，古罗马军事家维吉提乌斯（Vegetius）就是其中之一。从中世纪、近代早期到拿破仑时代，血腥残酷的巷战战例不胜枚举。时间来到19世纪后，在各国军队中，工兵这一兵种开始崭露头角。工兵不仅在围城战中大显身手，还利用其专业能力在普通民用建筑物攻防战中大显神威。1853年，英国陆军中校杰布（Jebb）在编著《军事科学备忘录》（Aide Memoire to the Military Sciences，1853年发布）时，试图针对"建筑物和村庄防御战"这一主题，制订一套普遍适用的科学作战原则。

布达（Buda）瓦尔海吉区一座弹痕累累的建筑物。直至今天，该建筑物上的弹痕依然清晰可见。布达佩斯（Budapest）战役从1944年12月苏联红军包围布达佩斯开始，一直持续到1945年2月13日该城彻底被苏联红军占领。在这场战役中，军民死亡总人数超过了10万人。1945年2月时，德军的防御力量集中在多瑙河靠布达一侧。在当地的古城堡下方，迷宫般的隧道纵横交错。在这场被视为"柏林战役最后的预演的战斗"中，布达佩斯有约80%的建筑物被损毁。

3

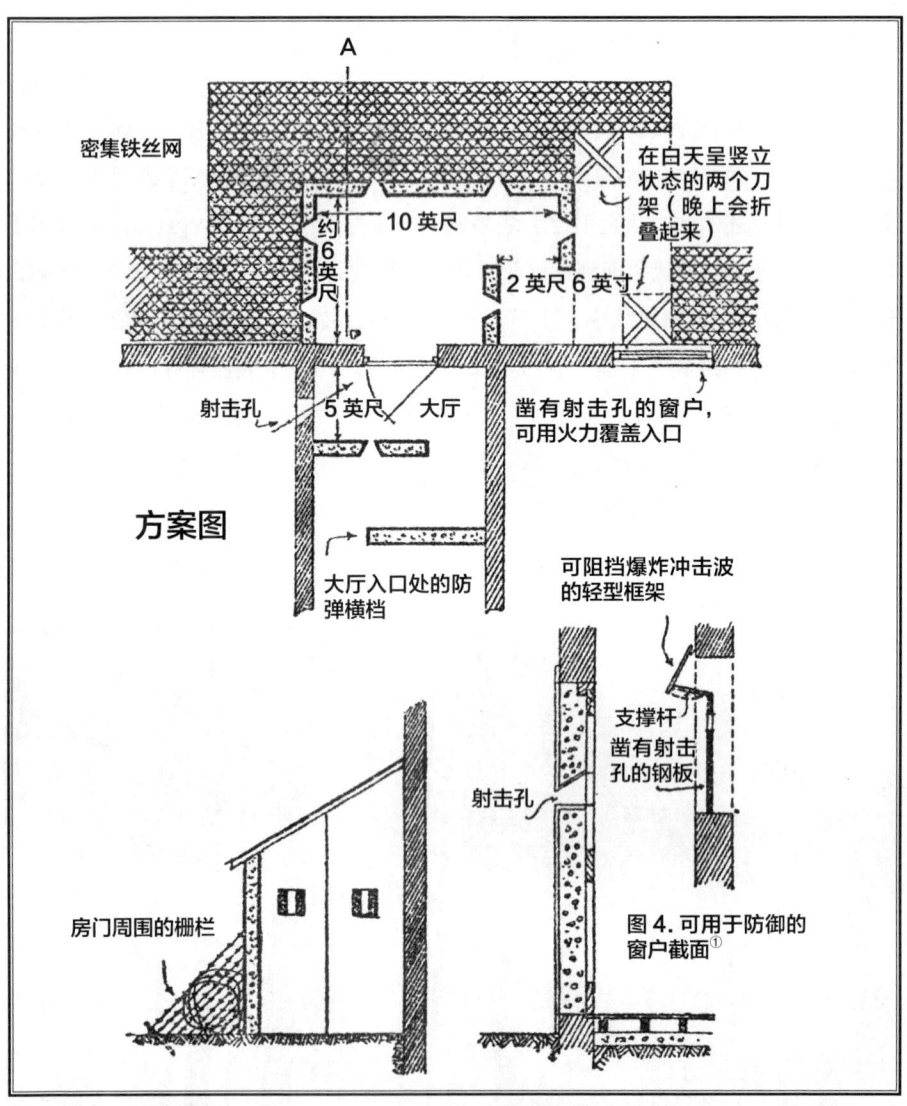

英军《野战工兵技术手册》（Manual of Field Engineering，1939年发布）中的插图，展示了针对一栋"未暴露在炮火下"的房屋所制定的周密防御计划。防守方大量使用了带刺铁丝网、有孔洞的钢板，并在墙壁、横梁和窗户上凿了很多射击孔。这表明，防守方要进行的准备工作相当耗时。此外，该方案图还广泛借鉴了为一战中的堑壕战研制的装备。由"密集铁丝网"构成的厚厚尖刺带可阻碍敌军行进，使其无法抵近防守方的阵地放置炸药，或者将手榴弹从狭窄的开口扔进屋内。

---

① 译者注：这是原书的图注。

杰布的主要信条是：如果没有特定的具体目标，部队士兵不应"固守"建筑物密集区；增援和撤退的手段与实际的防御手段同等重要；对于各类大小建筑物，应根据其与总体作战规划的关系做出不同的安排；挑选并调整任一特定的防御措施都是一门"了不起的技艺"，有时候为了取得战术上的成功，牺牲掉某些建筑物也在所难免。在杰布看来，只要是涉及建筑物的防御，无论该建筑物是教堂、工厂，还是乡村别墅，都并无太大区别——只要考虑以下六个因素，就必能出色完成建筑物防御战：

（1）建筑物应能够使防御者"眼观六路，耳听八方"。
（2）建筑物应当结构"牢固"，并配备维护所需的材料。
（3）防御者的数量与建筑物的大小息息相关。
（4）建筑物应具有适合侧翼夹击的墙壁和突出部分，也就是说有阵位可供防御者向攻击者投送纵贯其队列的火力。
（5）防御者应尽全力在敌军的进攻路线上设置障碍，使其举步维艰，并应保持自己的"安全撤退"路线畅通无阻。
（6）防御分队驻守的目标，应与当前的战斗局势相匹配。

1862年，约翰·F.伯戈因（John F. Burgoyne）爵士将军发表了一篇文章，详细阐述了"巷战"和"在开放式城镇中进行进攻和防御"的原则，并以插图的形式引用了拿破仑时期和最近的战例。伯戈因所主张的观点极其现实。他认识到，在建筑物密集区展开作战行动时，会面临无休止的"骚扰和暴乱"，并且士兵常常无法区分普通的民众和真正的敌人，这就很难让本方士兵顾及平民的"人身或财产安全"。因此，防止队伍失控的唯一令人满意的方法是，在获得"可以自由行动的完全授权"之前，指挥官不要带领麾下士兵贸然进入满是敌人或暴乱频发的城镇。在遭遇顽强抵抗时，攻击方"最好部署工兵部队"，并为其配备各种"撬棍、大铁锤、短梯，以及最重要的东西——炸药包"。他们可以沿着连绵的屋外露台行进，破墙而入。同时，步兵还要"分散成一支支小分队，在得到良好支援的情况下投入作战"。步兵可以对着窗户持续开火，以压制向外射击的防御者，从而帮助工兵更好地完成其任务。在某些情况下，将整座城镇付之一炬是很值得推荐的做法。伯戈因的许多观点在1871年5月发生的战事中得到了印证,在那著名的"血腥一周"中,法国的凡尔赛军团正是凭借伯戈因推荐的打法,从公社成员手中夺回了巴黎街道。

到一战时,令人厌恶的巷战已历经了一段漫长的历史,这种特殊的战斗形式越来越多地被编入各国的战争法典,并融入正式的军事训练中。在1914年之前,手榴弹就已经成为工兵的标准装备,而现代火焰喷射器也在一战爆发前的十年时间里日臻完善,并于1915年被大规模投入使用。在英国,查尔斯·瓦茨(Charles Watts)于1916年出版了具有里程碑意义的《巷战笔记》(Notes on Street Fighting)。此时,英国陆军的狙击手训练不仅包括建筑物密集区作战课程,还拥有接近实战的操练环境。一战结束时,美军教官将这一构想进一步发展完善,引入了闻名至今的"霍根巷"(Hogan's Alley)概念。根据J.S.哈彻尔(J.S. Hatcher)少校的说法,这最初是戴明(Deming)上尉的点子。戴明是一位"职业艺术家",他通过建造一些接近实战环境的场地,为部队训练"贡献了许多有价值的材料"。1919年,他回到新泽西州考德威尔市,并在这里搭建了一座"法国村"。在这个村子的后方,有一个靶壕,里面有许多射击结果计分器。每个计分器处都有一个纸板做的人形靶标——有着类似于人的脑袋和肩膀,下面用一根长长的木棍支着。射击者端着枪在射击点就位后,窗户、墙角或其他意想不到的地方会突然出现一个纸板人,并持续显露三秒时间,然后又消失掉……这种设计大大提高了练习的难度。

在佩里营区,美国全国步枪协会也利用"霍根巷"这一概念,向警察和平民传授类似的城镇战斗技能。

西班牙内战是1939年二战爆发前最后一次真正完善巷战技术的机会。例如,在1936—1937年马德里保卫战中"锻造"的一些方法后来传到了英国军队——这些方法都是由国际纵队和国民军共同摸索出来的,随后又通过军校的授课加以传播。士兵们需要学习的科目包括爆破、设置路障和城市狙击。不过,最重要的经验还是如何在城市环境中协调运用装甲车辆、飞机和"游击"战术。汤姆·温特林厄姆上尉(他是一位一战老兵,曾负责指挥第15国际旅中由英国人组成的第57营,后来因在哈拉马的战斗中负伤而回国)认为,在面对新的武器时,步兵最好的生存方式就是让自己"隐形",而城市街道为其提供了最好的掩蔽——既不会被敌人的肉眼

G.A. 韦德（G.A.Wade）少校在 1940 年发行的《巷战》（House to House Fighting）一书中为步兵介绍了一些基本技巧。而书中的绘图只是对 1914—1918 年期间所绘制的图纸稍作修改，那些图片展示了部队在沿着战壕前进时绕过壕沟中的土护墙的正确方法。

所看到,也不会被天上的飞机和地上的坦克注意到。飞机和坦克所携带的弹药是不可能在一次任务中就摧毁整座城镇的,即使它们能够将某一个地区夷为平地,那里的守军仍然可以依托残垣断壁进行战斗。将一座城市彻底夷为平地所需的时间远远超过任何现代机动部队或发起"闪电战"的军队所能投入的时间。

城市地区的"闪电战"

德军战斗条令

在1939—1940年的德国"闪电战"期间，交战方涉及的城镇战相对较少。只有华沙围城战和加来保卫战是例外：这并非偶然，因为德国人已认识到"巷战的代价是很高昂的"，而且对于只做好了短期作战准备的部队来说，也很难长期维持战斗。尽管如此，德国在战争开始时，确实就已经制定了一套在建筑物密集区作战的条令。于1939年发行的德军相关作战手册后来经过美国军事情报局的翻译和提炼，被编撰为《德国笔记之巷战》（*German Notes on Street Fighting*）分册，并作为《战术和技术趋势》（*Tactical and Technical Trends*）系列手册的一部分在美军内部有限传播。

在理想情况下，军队应将一座城镇团团围困起来，并切断其水、电、燃气供应。目标是将建筑物密集区"分成尽可能多的小块"，从而剥夺敌人的行动自由。本方部队将沿着平行的街道向同一方向前进，尽可能占领具有制高点的建筑物。通常要避免发动侧翼攻击和向不同方向移动，以防止在混乱中"遭到友军误击"。步兵部队最好沿着街道的两侧，贴着房屋前进，而其他部队则应从屋顶上通过，挨家挨户地推进。街道一侧的士兵可以通过监视屋顶、窗户和十字路口来掩护战友，在遭遇顽强抵抗时，可用轻机枪进行直接射击。可以将建筑物彻底摧毁掉，但口径小于150毫米的武器不适合这项任务。此外，不要贸然将坦克开进城镇。一旦攻下某片城区，就要对该区域进行系统性搜查。

对于某些被敌人坚守的建筑物，德国人会像对待任何堡垒一样，组建"突击分队"来攻打它们。此类部队的士兵[如《德国步兵作战：小分队战术》（*German Infantry in Action: Minor Tactics*）中所述]均经过了严格选拔，他们作战勇敢，行事果断，体格强健，由"经验丰富的排长"带领。这些突击分队里的士兵秉承一战中的德国突击营精神，会使用一系列称手的武器，但他们只会携带最基本的个人装备以确保自身的机动性。突击分队会根据不同的任务进行分工，例如：破除铁丝网、摧毁敌武器发射孔、释放烟幕，以及提供支援火力。实战证明，这些德国突击分队不仅获得了成功，还具有广泛的影响力，被后来的大多数军队所效仿（尽管苏联人后来声称他们才是这一战术理念的发明者）。

德国突击分队的士兵使用1935型火焰喷射器攻击一座碉堡。照片最左侧的士官班长手持一把信号枪——虽然这种信号枪的主要用途是发射信号弹,但它也可被用于点燃简易燃烧武器。(私人收藏)

　　德国人认为,在德军处于守势的情况下,最佳的计划方案不是加强外围防御(在外围应该只建立少数据点),而是主要立足于城内,将防御阵地隐匿于其中。对于特别重要的建筑物,不要从内部进行防御,而是要在墙外进行坚守——如此一来,当建筑物的关键结构在受到轰击时就不会伤害到太多的守军。一旦对方发起进攻,德国军队就会尝试扭转战局,通常的做法是"分割进攻部队",并通过侧翼反击来歼灭其先头部队。在准备个别建筑物的防御时,守军会事先打开所有窗户,并通过移除屋顶瓦片的方式来制造射击孔。守军会藏在房间里,然后突然移动到敌人后方开火。此外,他们还会从屋顶和烟囱后面进行狙击。路障会被守军的火力完全覆盖,而这些火力点通常会被布置在一定距离外,且隐蔽良好,难以被发现。如果能得到持续的电力供应，那么城市街道会在夜间保持良好的照明，从而使敌军难以实施突袭行动。

正如《步兵连的交火》（*Der Feuerkampf der Schutzenkompanie*，1940年发布）所述，对于单独的农场或其他孤立的建筑物，需要采取完全不同的防御方式。在这种情况下，最佳的方案是将一个小队部署在建筑物后方几米处以提供掩护，并让小队的指挥官待在前方不显眼的观察位置（例如躲在花园里）。一旦有敌军出现在指挥官的视野中，小队的其他成员马上就会接到信号，然后他们会迅速进入房屋内部和周围的防御阵地。这种方式可以愚弄敌人，使其以为这是一座不设防的建筑物。等敌人发现真相时，他们已然暴露在防守方的火力之下，处于无法挽回的劣势地位。

英军战斗条令

英国人最初和德国人一样，非常厌恶巷战。正如《步兵班指挥》（*Infantry Section Leading*，1938年发布）所阐述的那样："巷战和挨家挨户的战斗对于进攻者来说总是困难的，其成功很大程度上取决于班长的主动性。"在英国人看来，巷战并不是进攻的主要构成部分，而是一种在进攻完成后"打扫战场"的行为。英国人认为，如果要通过一个村庄，部队从道路右侧走是最安全的——因为躲在房屋内的右撇子步枪手会发现，要想在不暴露自身的情况下，朝这些走在右边的敌军开火是很困难的。只要有可能，进攻方就应在窗户或屋顶上架设轻机枪，从而掩护其余人员前进。进攻方的前进队形应根据具体情况而变化，但最好的方案是派两名侦察兵走在前面，以监视周围窗户和屋顶的情况，一发现敌人就开火。而走在队伍最后的两个人也将履行类似的职责，一边走一边回头看。如果指挥官预计会遭到攻击，那进攻方就最好完全避开街道，通过在后院和花园中穿行的方式来避免出现的伤亡。

如果必须强攻一座房屋，进攻方的主要武器就是手榴弹和排直属的2英寸迫击炮。进攻方应对房屋进行系统性的肃清，特别要留意地窖。在进入房屋前，每一名士兵都必须清楚自己的任务——在房屋门口畏畏缩缩、犹豫不前是绝对不可取的。

在守卫房屋时，防御者应占领屋顶空间，并堵住房门，但应确保在紧急情况下能够迅速逃离。此外，他们还应仔细检查地窖，看看是否存在"可能从意想不到的方向朝敌人开火"的位置。理想情况下，一栋房屋的防御者最好能够掩护附近建筑物的入口，从而与战友相互提供支援。在时间允许的情况下，防御者应通过凿枪眼、堆沙袋和开墙洞等方式来强化房屋的防御能力，让自己无须进入街道，就可以自由穿行于房屋和花园之间。

《第23号陆军训练备忘录》（Army Training Memorandum No.23，1939年7月发布）详细阐述了巷战的基本思想，并为保卫村庄提供了具体建议：

  演练的目的是制定一套"能自给自足"且"足以抵御坦克"的防御计划。该防御计划应限制敌人"钻漏洞和占便宜"的机会，并充当"发起反击以恢复局势"的"支点"。在守卫村庄时，英国军队最好不要以可预测的方式行动。不过，必须提前筹划防御方案，以"迫使敌人投入挨家挨户的血腥战斗，从而扰乱和迟滞其行动"。在村庄外围架设重机枪阵地特别有用，而布置在村庄里面的轻机枪则可以对任何企图闯入村内的敌军造成严重伤害。防御的核心是位于村庄中心，能够提供良好观察视野的"要点"。而位于居民点前缘的建筑物不太适合用作防御阵地，因为它们太容易吸引火力了。不过，如果将这些建筑物"陷阱化"可能会起到很好的效果。而更靠后的坚固建筑物更适合充当防御阵地，特别是在得到进一步加强（尤其是增加射击孔、内部路障和邻近的备用阵地）后。

  英国人认为，组织有效的村庄防御费时又费力，因此建议对这项任务进行分工。其中，步兵分队中的工兵排负责基本的准备工作，包括架设轻机枪、敲碎窗户玻璃、扫清射界、挖掘战壕、架设铁丝网、设置路障、埋设反坦克地雷，以及处理阵地周围的易燃材料。专业工兵会负责执行一些技术性任务，比如加固地窖、建立指挥和观察所、进行炸药爆破、在墙壁上凿出通信孔、确保供水和安装诡雷陷阱。有关诡雷陷阱的更多介绍，请参阅《第26号陆军训练备忘录》（1939年11月发布），该备忘录提到了敌人在建筑物中惯用的一些伎俩，包括因一些不经意的动作（比如踩在松散的地板上；打开门窗、橱柜或抽屉；打开电灯；拔掉抽水马桶的塞子；割断电线或被电线绊倒；拿起一件漂亮的纪念品或小饰品；清除道路上的垃圾；在炉子中生火）而引爆的炸药。

《野战工兵技术手册》（1939年发布）给出了一些具体的房屋防御方案（也

这样的演习可不适合患有恐高症的士兵：伦敦地区的国民军在被炸毁的联排住宅区的屋顶上进行穿越屋顶的演练。如果执行得当，这种飞檐走壁式的机动方式可以避开暴露的街道，实现隐蔽前进，并能够从阁楼处向下肃清房屋。（帝国战争博物馆 H 20884）

许是因为驻守在法国的英军部队在战争的第一个冬天并不活跃，所以有一些方案既复杂又耗时)，比如：加固地窖；安装钢板；用双层波纹铁皮或木板堵住门窗，并往夹层中填充碎石；在靠近和远离建筑物的地方设立障碍区，包括用一圈数英尺长的带刺铁丝网来围住房屋（防止敌人进入门窗），以及在手榴弹投掷距离外建立同样的铁丝网隔离带。

英军在1940年5月德军发起西线大攻势前，于《野战技巧和基本战术训练》（Training in Fieldcraft and Elementary Tactics，1940年3月发布）手册中发布了最后一份有关巷战技巧的摘要。虽然我们并不清楚这份摘要究竟在有限的时间内产生了多大的影响，但它确实代表了一个重大进步，因为它主要介绍了一些简短的实训课程。这本手册提出，"有必要进行事先侦察，前进时要紧贴墙壁，在必要时安排殿后部队，以对付任何可能出现在军队后方的棘手敌人"。此外，预有周密安排的房屋肃清计划也受到了极大重视，英国人认为，"最好的模式是只派遣几个人来完成一栋房屋的肃清任务，其中一两个人在大厅或楼梯平台处警戒放哨，一名'搜索者'和一名或多名'掩护人员'对房间逐一进行清剿"。

1940年：面对入侵

虽然1940年5月至6月的法国战役对英国远征军来说是"一场灾难性的战争"，但是在法国沦陷之前，英国军队确实很好地锻炼了其巷战和房屋防御技术——特别是在加来的防御战中。敦刻尔克大撤退之后，英国将其领土划分为多个区域，并以堡垒化的"阻击线"分隔开来，以期拖延入侵者的脚步，而大部分正规军则被留置在后方作为机动预备队，以抵御德国装甲部队的进攻。如果英国本土遭遇入侵，该国就需要大量人员并通过破坏战术来拖延敌人前进的脚步，而地方防御志愿军（成立于1940年5月，后来被更名为国民军）就是"满足这一需求的答案之一"。

牢牢将建筑物密集区和通信节点控制在本方手中，对整个防御计划而言至关重要。因此在一开始，国民军就主要致力于完善"要点设防"方案。曾参加过西班牙内战的老兵休·斯莱特（Hugh Slater）认为，"要点设防"的目的是建立"一个完整的据点框架，正规军可以在各据点之间和周围来回机动"。在进行"防御作战"时，防守方所需的远程武器相对较少，手榴弹和燃烧弹才是此类战斗的关键

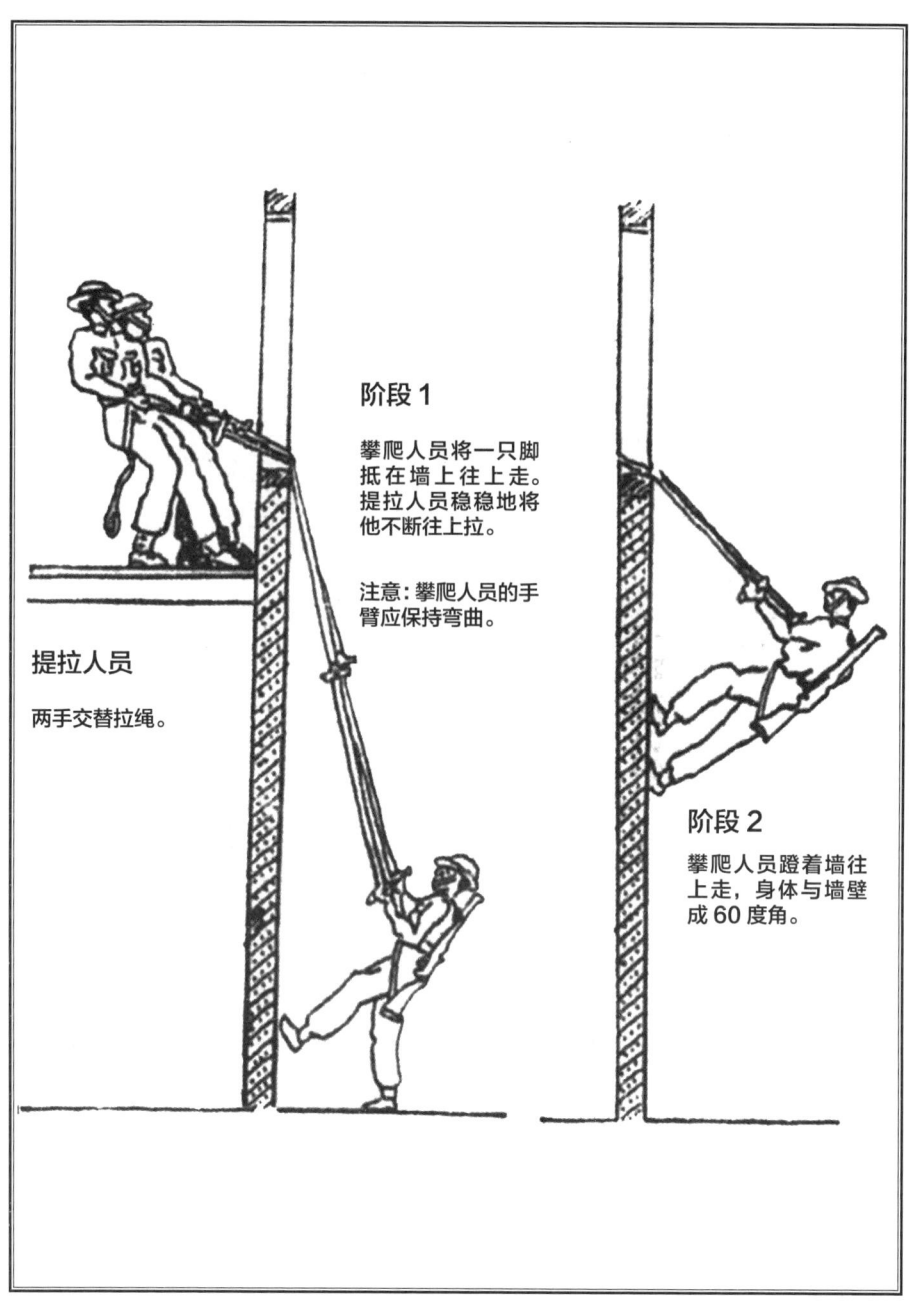

以"飞檐走壁"的方式钻入楼上的窗户,该图摘自《第51号国民军指令》(Home Guard Instruction No.51,1943年1月发布)中的"国民军战斗技巧和战斗演习第三部分:巡逻"。位于上方的"提拉人员"正拽着几根连在一起的绳子,将下面的"攀爬人员"拉上来。

15

武器。正如约翰·布罗菲（John Brophy）在《国民军：地方防御志愿军手册》（Home Guard: A Handbook for the LDV，1940年发布）中所言：

正规部队不可能无处不在——但国民军可以！在这个国家的每个村庄、每个镇子和每个城市里都有由当地男子组成的小编队，而其中有很大一部分人都是参加过上一次世界大战的退伍老兵……地方防御志愿军首先是"能够随时赶到现场的人员"……无论敌军在何处登陆，他们都会发现自己被困在一个由堡垒化的村庄和小镇、郊区和城市中心组成的防御网中，因此他们休想在不进行战斗的前提下向任何方向移动。每一个这样的村庄或其他防御中心都拥有充足的设备和给养，能够独立运转，并且其本身亦是由许多组织良好且能实现自给自足的防御设施组成的，足以抵御来自四面八方的攻击。

早在1940年夏天，国民军的教官就开始传授城镇战斗的基础知识：远离街道，在最坏的情况下，也要尽量远离街中心；不扎堆；在转角处必须"极其小心"；从窗户向外发起攻击时，应尽量站在房间内靠后的位置；从高处投下"莫洛托夫鸡尾酒"；不要把路障当成战壕，不要派人员驻守它，而是应从附近的建筑物里或侧翼用火力覆盖它；如果现场人员能够报告德国人的位置，并拖住他们哪怕很短的一段时间，都对己方很有利。

在汤姆·温特林厄姆的努力下，奥斯特利公园成为一所负有盛名的国民军战斗学校，而它仅仅是众多同类学校之一。另一所颇有成效的学校位于萨塞克斯郡的伯沃什，1940年9月至1941年3月期间，约翰·兰登-戴维斯少校（他也是一位参加过西班牙内战的退伍老兵）在此地为100个营提供了训练指导。此外，约翰·兰登-戴维斯还是《国民军训练手册》（Home Guard Training Manual）的作者，截至1941年年末，该手册共发行了约10万本。约翰·兰登-戴维斯在该手册中，用一个完整的章节详细介绍了"村庄防御和巷战技巧"。这本手册中的一个重要建议值得一提：

村庄应分为"外层"和"内层"防御区域……在"外层"驻守路障和掩护哨所的防御人员可以向"内层"的守军发出警报，之后如果遭受太过猛烈的攻击，他们也可以迅速撤退。

靠近村庄中心的地带，是最为关键的"村庄据点"。当然，最好不要将"村庄据点"设在一座过于显眼的建筑物里。"村庄据点"应当与其他防御设施保持良好的通信。此外，应隐藏好该据点，或者尽可能将其伪装起来。应在该据点附近另选一座单独的建筑物来存储弹药和汽油。

最好将较大的村庄分成几个区域，以便每个区域里的士兵都能够持续作战，而不会受到其他地方被攻破的影响。

M.D.S.阿摩尔（M.D.S. Armour）少校在《全面战争训练》（*Total War Training*）手册中指出，"狭缝战壕"最好设置在距离路障46米或更远的地方，并与道路成直角。这样设置的狭缝战壕可为可能受到空袭的部队提供良好掩护，同时也能为路旁的据守人员带来良好的火力射界（掷弹兵可蹲守在离道路最近的战壕末端）。

从1941年起，国民军的武器库中新增加了一种名为"诺索弗抛射器"（Northover Projector）的反坦克武器，这种抛射器可以在隐蔽的阵地里开火并覆盖路障区。正如阿摩尔少校所说的那样，"它在发射时会迸发出巨大的火焰和大量的烟尘"。此外，阿摩尔还提出了一些"更加壮观和危险"的简易手段——在车道上浸满汽油和石油并点燃，或者是引爆装满混合易燃物的大桶（当然，这种武器最好是用在敌军通往村庄的道路上，而不要用在村庄内）。

如果敌人的进攻迫在眉睫，房内的驻守者们必须准备做些"几个世纪以来英国人都没有做过的事情"：拆毁任何可能阻碍防御的物业（Property，指已经建成并投入使用的各类房屋及与之相配套的设备、设施和场地），加固房屋的墙壁和天花板，敲掉窗户上的玻璃并开凿射击孔；尽可能封堵正门，并使其达到只有用炸药才能炸开的程度。优秀的防御者也会尝试一些非正统的做法，包括实施一些轻微的破坏行为，比如在夜间移走井盖或切断通信线路。即使是空荡荡的建筑物，也可以让它看起来"像是有坚固的防御"。此外，还可以在道路上放置一些倒扣的汤盘之类的东西，以充当假地雷——任何能让前进中的敌人犹豫不前的东西都是有用的。扔石头、制造噪声、设置误导路标、发布假信号和其他诡计都属于有效的"神经战"——鉴于德国人70年来一直对这类具有法国义勇军风格的行为实行最严厉的报复政策，因此平民在实施本建议的过程中很可能付出"可怕的生命代价"。

有人以"近乎开玩笑的方式将真实的巷战称为'最激动人心的战争类型'"——当然，如果防御者一开始就完全隐蔽自身，并且十分了解当地的防御设施，那么他们确实是有优势的。

最好的国民军防御计划不应该仅仅是被动防守，而是应该只要有机会，就主动发起反击（最好是在夜间进行反击）。"教科书式的突击小队"应由八人组成，他们的主武器最好是霰弹枪和冲锋枪，而白磷手榴弹则是掩护突击行动的理想武器——可以有效打击敌人的士气。在实施突击行动时一定要安静且隐蔽，并保持不规律的运动间隔。如果突击小队处于敌方的机枪火力打击下，突击队员要等到对方更换弹链时再进行下一次冲锋。在肃清建筑物时，最好以从上到下的方式进行搜查。在开门之前，突击队员应站在门的一侧。不管房间里面是否有人把守，最好是"先让武器进入"。

与这些辅助技巧存在着有趣的相似之处的，是莱昂内尔·威格拉姆（Lionel Wigram）少校出版的《战斗学校》（Battle School，1941年版），该手册虽然从严格意义上来说是非官方性的，但其内容针对的却是正规军，并且是官方手册《教官野战技能和战斗训练手册》（Instructor's Handbook on Fieldcraft and Battle Drill，1942年发布）的前身。在这本不同寻常的手册中，威格拉姆不仅借鉴了当时德国最好的作战技术，还鼓励训练有素的部队根据实际情况调整"战斗训练"方式（标准方法之一，这类方法是解决战术问题的基础）。

当时，《战斗学校》具有很大的影响力，特别是在城镇战斗领域——因为它阐述了一些最早期的肃清房屋和村庄的演习方式，而这些方式在经过改良后最终成为整个军队的标准做法。其中提及的一些关键概念包括：如何运用村庄外的"拒止点"（Stop）；自上而下肃清个别房屋的好处；将敌人赶入预先设置的开放式"火力歼击区"；指派特定的肃清小队和掩护小队攻占个别建筑物。《战斗学校》还鼓励步兵在战场上进行战术性移动，并通过公共汽车进行更远距离的移动，以及在必要时发动钳形进攻和在各种地形条件下积极展开肃清行动。最终，总司令部成立了一支正式的"城镇战斗联队"，专门进行城市作战训练。尽管与城市作战相关的训练课程还远未普及，但几乎军中每支部队都有人都参加过类似训练。

到1942年的时候，国民军开始不再实施静态的"要点防守"。随着新武器的出现和入侵威胁的消退，国民军所采用的战术开始变得更加"常规"。尽管

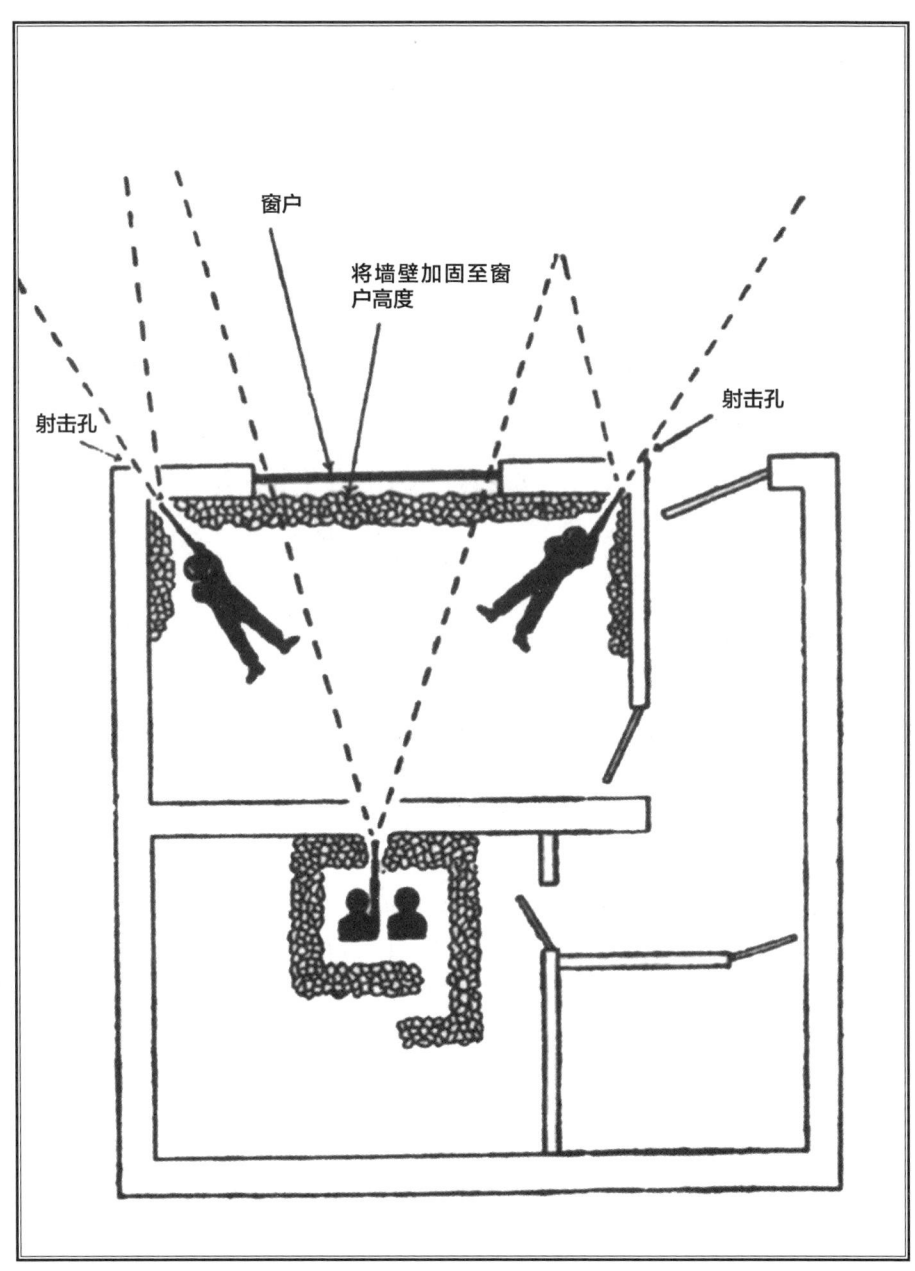

如何将一间小房子变成机枪岗哨,摘自苏格兰卫队 S.J. 卡斯伯特(S.J.Cuthbert)上尉所写的《我们将在街上与他们战斗》(We Shall Fight Them in the Streets,1940 发布)。请注意,堆有沙袋的机枪阵地里的士兵能通过凿有射击孔的墙壁进行射击,后方的房间里的士兵可对窗户外的大片区域实施火力覆盖。对于采取卧姿的步枪手来说,较小的孔洞也能提供很大的射击角度,使敌人很难在不被发现的情况下接近房门。

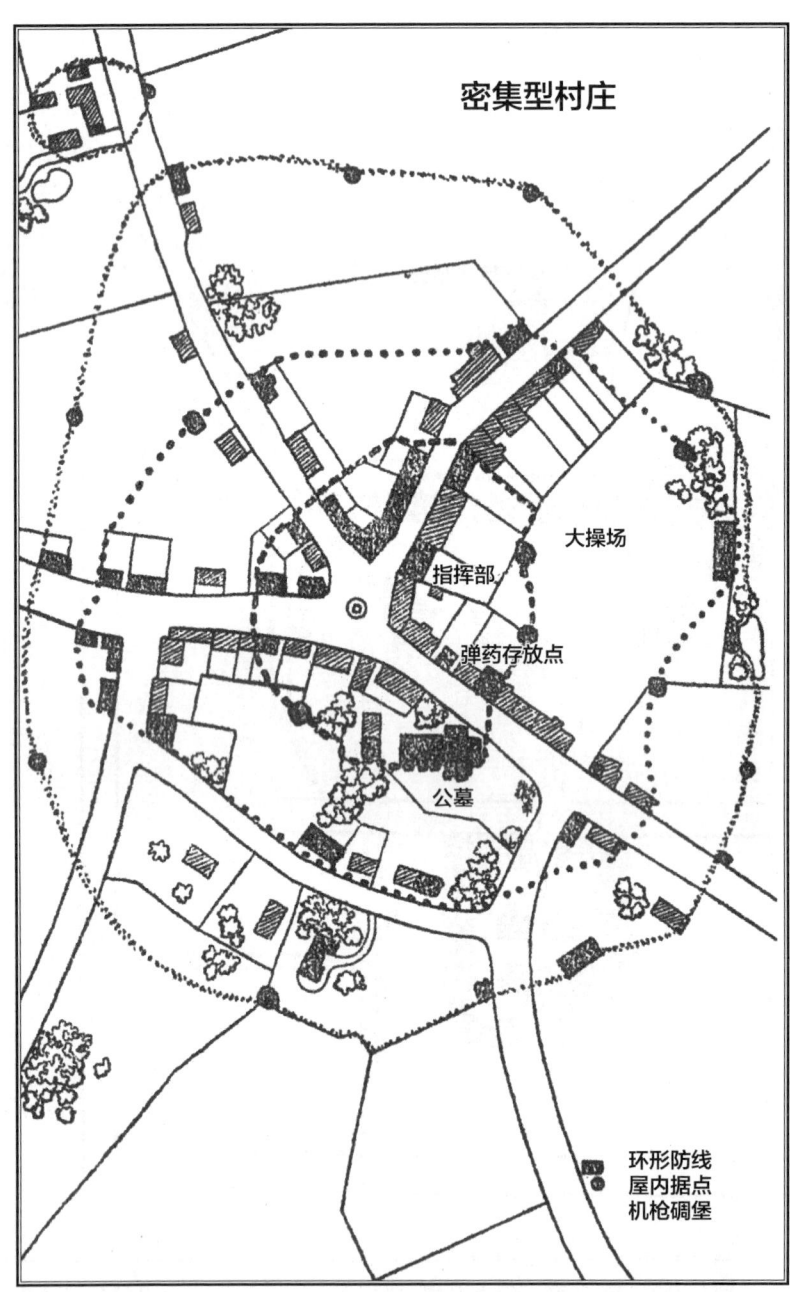

密集型村庄的保卫方案。可使用多层同心环状防线，防线内应设置碉堡、前哨和位于房屋内的据点，以及可连接起来的防御区域。摘自休·斯莱特著《争夺胜利的国民军》(Home Guards for Victory, 1941 年发布)。

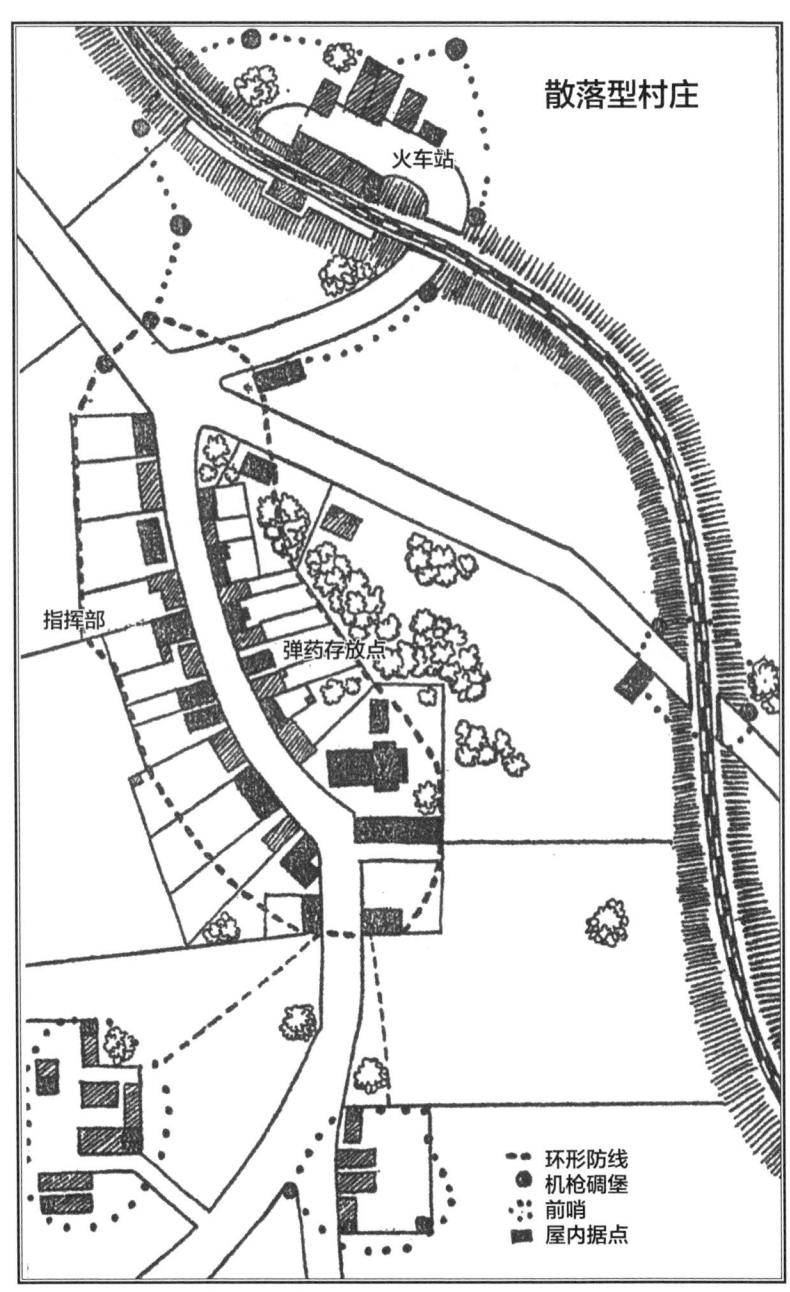

散落型村庄的保卫方案。说起来有些好笑，曾加入西班牙共和军的退伍军人在训练国民军士兵时，非常重视城市作战和"人民战争"，这一度让某些政客感到担忧，因为这让他们想起了巴黎公社事件。因此，他们迫切希望加强国民军与正规军之间的联系。于是，国民军戴上了"有正规军徽章的帽子"。

如此，巷战仍然被视为一种特殊战斗。在各种作战手册中，于1943年1月发布的国民军手册——《巡逻》(Patrolling)，可以说比大多数作战手册更先进、更详细。这本手册的内容包括：城市巡逻；如何穿过房屋和下水道；如何爬墙和越过屋顶；如何将街道变为"火力歼击区"；如何采用鼠洞战术（穿过墙壁）；如何在天花板上开洞。

此外，《巡逻》还介绍了以肃清房屋为目的的标准战斗演习，从标准和具体内容来看，这种演习与正规军接受的训练没什么不同。有趣的是，这本手册还认为国民军主要使用美制武器，并且称负责肃清房屋的小队为"squad"（美国术语），而非"section"（英式术语）。负责搜索房屋的八人小队被分为一个"BAR组"（勃朗宁自动步枪组）和一个"肃清组"。副队长带领BAR组，并受到一个两人枪组和一名步枪手的保护。肃清组由队长带领，一名携带霰弹枪或司登冲锋枪的"一号炸弹手"负责充当队长的"私人保镖"，一名"一号步枪手"负责担任"栓锁侧破门手"，一名携带霰弹枪或司登冲锋枪的"二号炸弹手"负责担任"铰链侧破门手"。BAR组的常规任务是警戒尽可能多的目标建筑物出口，同时在街道上设置一个"火力歼击区"；肃清组负责执行实际搜索任务，他们一般会从后门或窗户进入屋内。

当肃清组接近建筑物的后部时，队长和一号炸弹手会掩护另外两人前进，这两人会爬过掩体，且不让身体超过窗户的高度。当一号步枪手和二号炸弹手在最容易进入的房门或窗户的两侧就位（背部靠墙）后，一号步枪手会突然撞破房门（必要时会射开门锁），而二号炸弹手则会往房间里投掷一枚手榴弹。手榴弹爆炸后，队长和一号炸弹手就会冲入房间内，背靠着墙壁，射击任何出现在眼前的敌人。然后，他们会留下一人掩护楼梯底部，其他三人上楼搜索：一号炸弹手先行，一号步枪手紧随其后，队长走在最后面。在将房屋内的敌人清除干净后，肃清组会给BAR组发信号，告知他们已成功清场。在肃清所有可俯瞰火力歼击区的房屋之前，小队中的任何成员都不得进入火力歼击区。

美国的反应

尽管美国本土没有受到任何直接威胁，但该国在进行战争准备时肯定考虑到了有可能会在建筑物密集区内作战。美国海军陆战队也许是对城市战准备得最充分的兵种，但这支部队的战斗条令还是特别强调了最有可能发生的不测事件乃是在一些国家的城镇居民间爆发的内乱。而一旦有这种情况发生，美国将不得不派远征军去干预。想要改变美国人的这种看法，无疑需要"进行一场斗争"。在这场斗争中，工程兵团，尤其是保罗·W. 汤普森（Paul W. Thompson）上尉发挥了主导作用。在法国沦陷后的几个月里，汤普森为《步兵》（*Infantry*）杂志撰文称，他从最近发生的事件中得出一个"无可争议"的结论，即作战团队成员之间必须"密切协同"。毫无疑问，战斗工兵肯定是作战团队的重要组成部分，但美国当时的战斗工兵数量却严重不足。因此，美国工兵学校在1940年年底和1941年就这一问题成立了一系列委员会，并提出了在作战演习中设置道路障碍之类的要求。然而，美国要发展出真正的现代战术，并以文献和训练的方式进行广泛传播则还需要一段时间。

东线，1941—1944年

开局阶段的奔袭

1941年，德国国防军第一次向东突进。在此期间，德国国防军只会在攻占重要的城镇和村庄（例如确保渡河安全的关键城镇或村庄）时停止前进。即便如此，德国国防军依然在行进过程中占领了许多村镇，并"将突然性视为比精心准备更重要的因素"。尽管德军在1939年普遍认为应尽量避免向建筑物密集区部署装甲部队，但德国军事战术家对此似乎很矛盾。德军在一份涉及装甲师的文件（1942年年初被翻译为英文）中制定了一般性准则：

除非有必要，否则不应在建筑物密集区使用坦克，因为坦克的行动能力会在这里受到极大限制，并且其本身也很容易成为反坦克武器的靶子。当装甲师被迫在建筑物密集区作战时，则需要将主要战斗任务分配给摩托化步兵……（他们）可以得到单辆重型坦克、重型反坦克炮和工兵突击分队的加强，因为这些单位都非常适合攻击被高度强化的筑垒区域。如果能够使用烟幕来迷惑敌人，或者通过炮击和轰炸的方式使敌军瘫痪，或者彻底将敌人的堡垒烧毁，那么就能以更快的速度和更少的伤亡来战胜建筑物密集区内的敌人……在第一波攻势结束之后，坦克和摩托化步兵部队可在第一波突击部队后方跟进，并发起进攻。进行正面攻击和侧翼攻击的部队之间必须确保联络顺畅。

德国装甲掷弹兵连在乌克兰克鲁托雅尔卡（Krutojarka）村的一个战例，就充分说明了上述准则是如何在实战中发挥作用的。行动一开始，该连的官兵马上搭乘多辆装甲运兵车快速移动，并以一定的间距（车辆之间至少间隔18米）分散开来：

此时，可以在村庄边缘看到炮口发出的火光。显然，苏军已投入战斗。苏联人的反坦克炮和我方坦克炮的射击声此起彼伏，中间还夹杂着双方机枪的射击声。装甲掷弹兵连连长通过无线电下达了命令，要求掷弹兵们一看到苏军士兵，就直接从运兵车上向他们开火，或者迅速下车，到地面上作战……第一批坦克进入了克鲁托雅尔卡村，但不久又退了回来。连长用无线电发出命令："肃清城镇！"运兵车随

在 1941 年发生的围城战期间,一群男孩在敖德萨的街道上搭建典型的街垒。由于该城军民的顽强抵抗,这座黑海港口城市最终与莫斯科、列宁格勒、斯大林格勒和基辅一起跻身为苏联的"英雄城市"。在 1944 年 8 月至 10 月发生的华沙起义期间,波兰家乡军(波兰国家军)也在街道上设立了类似的街垒。

即驶过正在开火的我方坦克,向村庄边缘移动……

一辆运兵车的履带被侧翼的反坦克炮击中。掷弹兵们跳下车,用机枪扫射敌方炮组人员,然后驾驶员和副驾驶员也跟着下了车,冒着枪林弹雨抢修破损的履带。负责发起进攻的掷弹兵现在已经到达了村庄边缘的一条街道处。苏军对突如其来的袭击感到震惊,纷纷躲进房屋、掩体、散兵坑和其他藏身之处。一个个掷弹兵从运兵车上跳下来,沿着街道步行前进。此时,他们充分利用手中的手榴弹、手枪和刺刀来对付敌人。每辆运兵车的驾驶员和副驾驶员都留在车内,驾驶车辆绕到村子的侧面。与此同时,驾驶员旁边的士兵开始对敌人盘踞的建筑物进行侧翼射击。很快,房子的屋顶就着火了。烟雾越来越浓。三辆坦克沿着主街向前推进,以支援掷弹兵的进攻。

我们发现烟雾非常有用,因为它可以防止苏联人发现我方人数比他们少。此外,由于能见度较差,苏联人无法充分发挥其机枪数量较多的优势。而我方则能够充分发挥自身的优势,与敌人展开近距离战斗。整个连队不再只有一个指挥部,军官和士官们组成多个小型突击分队,从一个街角推进到另一个街角,从一个地堡推进到一个沟渠,消灭了一个又一个苏军阵地。一名中尉手里握着一枚拉了弦的手榴弹,直到手榴弹快要爆炸的时候,才将其扔进地堡……

正如英国出版的《德国陆军定期笔记》(*Periodical Notes on the German Army*)中所描述的那样,如果德军装甲师在前进时遇到村庄,他们就会派卡车或装甲车运载的步兵去清扫村庄,并由"配备炸药和火焰喷射器的工兵"提供"宝贵的支持"。德军在进攻时会先向郊区开火,并用漫天的烟雾或燃烧的建筑物来吸引城区各处的防御者的注意力,然后再从一个"令人意想不到的方向"发起主攻。当然,最艰苦的工作还得由下车的步兵来完成,他们会"有组织地展开巷战"。德军通常会投入一个连的兵力,在连直属支援武器的配合下,集中力量对付一排房屋。在遭遇激烈抵抗的地方,德军可能会投入一个营的兵力和附属部队去肃清一条街道。

随着德军在东线的进攻脚步逐渐放缓,他们无法再像以往那样,对苏军进行"镰刀式收割",而是逐渐采用"占领并坚守"的模式。在建筑物密集区屡屡上演的拉锯战就是这种转变的一个典型表现。可以说,无休止的巷战"是德国在东线衰败的最初的几个迹象之一"。在城镇中进行战斗需要耗费大量的兵力,而与德国相比,苏联的人力资源几乎是无限的。在四年的战争中,许多城市都

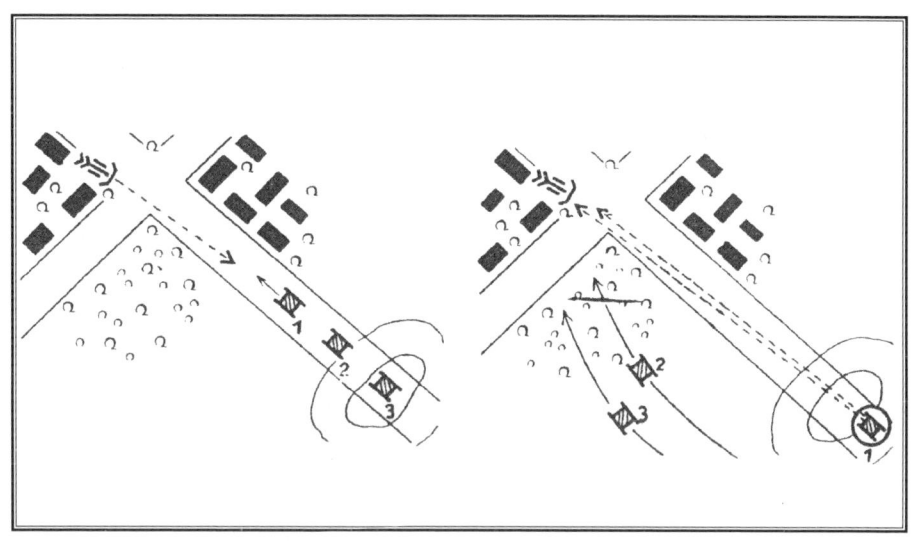

这张插图展示了装甲部队进入建筑物密集区的正确方法。一旦遇到抵抗，1 号坦克就会采取任何可用的掩蔽措施。在本范例中，它会后退到一个小高地的后面，藏在能观察到敌人并能向其射击的隐蔽处。同时，2 号和 3 号坦克会在 1 号坦克的火力掩护下，包抄敌人的反坦克炮阵地。

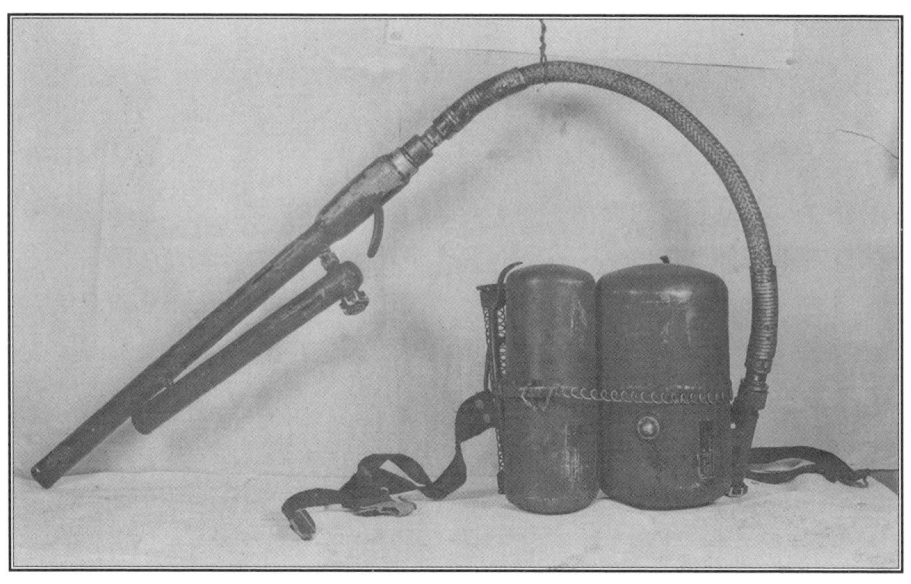

德国 1941 型火焰喷射器的射程为 27 米，能喷射 5 次，其喷射的火焰温度高达 800℃。该武器重 18 千克，比其前代产品轻得多，但对士兵而言仍是一个沉重的负担。它的点火系统是位于发射管的喷口处的一根加热丝。（私人收藏）

27

使用德国在战前研制的单兵火焰喷射器对防御工事进行的示范性攻击。该火焰喷射器的燃料罐内装有近12升的黏稠且高度易燃的混合物。火焰喷射器射手从一侧接近防御工事的发射孔，然后向其喷射火焰。喷射出的火焰可以有效烧伤敌人，或者使敌人感到恐惧——即使没有造成直接伤害，浓浓的黑烟和严重的缺氧也会让防御工事内的人员失去行动能力。火焰喷射器小组的另一名成员此时还待在防御工事的左边，准备在队友攻击结束后上前。（私人收藏）

1942型火焰喷射器是德军武器库中最常见的火焰喷射器。这款火焰喷射器采用了更短的发射管，拥有更可靠的9毫米空包弹点火装置——被其取代的初始型号在苏联的极冷环境下常常出现故障。到1944年3月，该武器的产量已达到每月4000具——不仅供应给了德国陆军，还供应给了德国空军、德国海军和一些警察部队。在战争的最后几个月，德国还为"人民冲锋队"生产了一种非常轻便的1946型火焰喷射器（这也是德国在战争后期孤注一掷的"人民武器"之一）。（私人收藏）

成为双方争夺的焦点——特别是奥廖尔、敖德萨、日托米尔、罗斯托夫、哈尔科夫、塞瓦斯托波尔，以及最后的柏林。当然，有一场城市争夺战是特别突出的，这就是斯大林格勒战役。在这场旷日持久的拉锯战中，苏军的巷战能力得到了巨大提升。

斯大林格勒：巷战学院

在斯大林格勒发生的巷战之所以引人注目，不仅在于其规模巨大，还在于交战双方作战方式的多样性。由于建筑材料也会被交战双方以不同的方式逐步摧毁，所以士兵们要争夺的各种规模和形状的建筑物"会变成许多截然不同的战场"：脆弱

1942年的斯大林格勒战役期间，几个德军班长正在一名军官身边听取简报。左边那个身着大衣的男人背着一把缴获的苏联SVT-40半自动步枪。由于缺乏班级和排级的无线电通信设备，步兵需要与火力支援部队进行仔细的事前协调，才能在建筑物密集地区进行的小规模进攻中取得成功。

的工人宿舍楼几乎无法抵御枪弹，当其在遭到炮击或焚烧时就会解体，只剩下砖砌的烟囱像树一样耸立着；较为现代的工厂饱经炮火蹂躏后，屋顶和地板会荡然无存，但它们的钢筋混凝土墙壁却依然非常坚固，能够挡住爆炸产生的冲击波——到后来，战场上会剩下一道道笔直的"壁垒"；市中心的下水道和地下室为守军提供了宝贵的地下空间——德国人称在这些地方爆发的战斗为"老鼠战争"。

在郊区，地面多半比较平坦，但也可能布满沟壑，有的沟壑甚至大到可以藏下整支部队。还有一些地区遍布丘陵，这些丘陵可为守军提供安全的阵地，而德国人有时候也可以从这里控制苏联从河对岸往城内输送补给和替换部队的交通线。斯大林格勒市中心以北耸立着马马耶夫岗——这一座古老的鞑靼人的坟墓，被称为"102高地"。苏军第95步兵师的尼古拉·马兹尼察（Nikolai Maznitsa）于1942年9月中旬首次来到这里时，被眼前的景象惊呆了：这里遍地都是尸体，有的地方甚至需要搬开两三具尸体才能卧倒。这些尸体很快就开始腐烂，变得恶臭难闻。战争结束后，这座山岗仍然受到弹片和残骸的"毒害"，很长一段时间都无法长出任何草木。

苏军在初夏时使用的战术远没有后来使用的战术那么复杂。在后方新组建的部队源源不断地涌入伏尔加河对岸，士兵们在严重缺乏现代化装备和战术训练的情况下，承受着空袭和炮击的考验。众所周知，当时一些苏军部队里的士兵甚至要两人共用一支步枪——只有在其中一人倒下后，另一人才能捡起战友的武器继续战斗。苏军的行动还受到苏联红军最高统帅部"第227号命令"的约束——这份由斯大林亲自签署的命令规定苏联红军将士"不准后退一步"，任何"恐慌者和懦夫"都将被"就地正法"，而擅自下达撤退命令的军官将被视为"祖国的叛徒"。

崔可夫的"第166号命令"

随着战事的发展，苏军的战斗方法有了明显进步。第62集团军司令员崔可夫（Chuikov）于9月底发布的"第166号命令"是苏军战术进步的一大里程碑。崔可夫在该命令中向下级指挥员提出了合理的建议：不要将整个连或营的士兵都投入战场；应由配备了冲锋枪、手榴弹、燃烧瓶和反坦克枪的"强击群"来担任进攻主力；团属和营属炮兵应该对窗户、射击孔和阁楼进行直瞄射击，以支援强击群。正如崔可夫在回忆录中所指出的那样，这意味着每个营在任何时候都只会投入部分兵力，这些士兵会

31

1942年深秋，一队德国步兵藏在斯大林格勒的一栋建筑物的残骸后面。请注意看那两名下级士官，他们的领口花边很显眼。最前面的人可能是突击队或小队的指挥官，后面几个人应该是一个轻机枪小组的成员。照片中可见的武器包括一支 MP40 冲锋枪、一挺 MG34 机枪，以及士兵腰带上的手榴弹。（帝国战争博物馆 HU 5131）

32

被编入强击群，在有限区域内展开攻击，而其余官兵则继续承担防御任务。

强击群通常于夜间发起攻击。强击群的士兵会在夜色的掩护下靠近敌人，然后再迅速冲过开阔地。通过这种"秘密抵近"的方式，苏联人通常能神不知鬼不觉地移动到距离目标仅27米或更近的地方。强击群下辖突击小组、加强队和预备队。强击群的具体兵力和构成视不同的任务和侦察结果而异。在收集情报时，强击群的指挥员需要考虑各种因素，例如：待攻击建筑物的类型；墙壁和地板的厚度；建筑物是否有地窖；房屋的入口和出口的状况；防御工事和射击孔的类型；防守方与支援部队间的通信联系是否通畅。得到这些情报之后，指挥员就可以确定防御者的大致实力和火力范围，从而调整攻击方向和参与进攻的兵力。根据苏联近卫部队在攻击所谓的"L形房屋"期间的实际组织情况，可以得知苏军典型的部署方式：

强击群的基干是突击小组，每个突击小组有六到八人。他们会迅速闯入房屋，并在屋内独立展开战斗。每个突击小组都要执行属于自己的任务。突击小组的士兵主要使用轻武器，（每个人）都会携带冲锋枪、手榴弹、匕首和挖壕工具（通常会被当作斧头使用）。一般情况下，突击小组会由一名指挥员率领，指挥员不仅要携带信号弹和照明弹，有时还要携带（野战）电话。

加强队通常会分成不同的小组（每个小组都编有工兵和狙击手），这些小组会跟在突击小组后面行动。在突击小组的指挥员发出"我们已进入"的信号之后，加强队就会快速从不同的方向进入建筑物。在进入建筑物内并占领射击阵地后，加强队的士兵会迅速向敌人开火，以粉碎敌军向被围守军提供增援的任何企图。加强队的士兵会装备比较重型的武器（如重机枪、迫击炮、反坦克枪和反坦克炮），并携带撬棍、镐和炸药。每个加强队都会配备工兵、狙击手和各种专业的士兵……

至于预备队，则多被用于补充和加强突击小组，以阻止敌人可能从侧翼发起的进攻，并且在必要时充当阻击部队。此外，预备队也可被用于快速建立……额外的突击小组。

事实证明，由上级单位直接组建强击群是应对巷战的最好的策略，这赋予了各单位极强的凝聚力和灵活性。发起突击前，强击群要尽可能靠近敌人——虽然这意味着要与敌方步兵展开殊死搏斗,但其好处在于,德军因为害怕误伤,几乎不会使用飞机和重武器进行近距离支援。在打头阵的突击小组中,部分士兵会携带冲锋枪和十多枚手榴弹,匍匐着爬过弹坑和废墟。

这张战时明信片,展示了"在东线发生的一场巷战"。一名士兵正在使用架在瓦砾上的 MG34 机枪通过建筑物之间的缝隙向敌人开火——这是支援步兵进行房屋肃清作战的经典轻机枪战术——在机枪的右前方,有一名士兵正在小心地观望。

在挺进接敌的过程中,突击小组的士兵通常会使用一枚或数枚手榴弹。实际上,手榴弹的投掷距离往往决定了突击小组的士兵发起攻击的最终距离。这在后来演变为崔可夫所说的"手榴弹规则"。这一规则也成为斯大林格勒战役中士兵们所遵守的战术准则,即不投掷手榴弹就不要移动,而且每一次移动的距离不得超过手榴弹的投掷距离(大约22米)。

一旦进入某座房屋,突击小组的"基本操作"就是先往每个房间里扔一枚手榴弹,然后尽快进入这些房间——"屋内的战斗总是残酷的"。把握时机和出其不意对于胜利而言至关重要。某些情况下，比如在"铁路工人之家"，当德国人还在大炮和机枪的火力覆盖下惊魂未定的时候，强击群就会发起迅猛攻势。而在进攻"L形房屋"时，强击群的士兵则会在不进行炮火准备的情况下，突然从很近的距离发起攻击，并往窗户里投掷手榴弹。等手榴弹爆炸后，他们就会迅速冲入屋内。有时候，苏联人可能会使用小口径火炮，并"在夜色或烟幕的掩护下"，摧毁敌人的阵地或阻击赶来援助的敌方生力军。此外，还有一个更加周详而绝妙的方案：让强击群的攻击行动与全面的工兵作业互相配合。其中，工兵的任务是在敌人下方挖掘地道（无论是否可以利用现成的下水道），并炸毁敌人的全部或部分阵地。

虽然加强队执行任务的顺序也会根据具体情况进行一些调整，但其典型的任务顺序如下：

一张拍摄于斯大林格勒的非常有名的战地照片。几名苏军步兵躲在废墟后面吃东西，一名操纵"捷格加廖夫"轻机枪的士兵正在一旁警戒。除了轻机枪外，这支前线小分队还配备了两支 PPSh-41 冲锋枪和一支 SVT-40 半自动步枪。

35

（1）机枪手、反坦克枪手和迫击炮班组成员携带武器先行进入建筑物，后面跟着他们的副手——一般会携带足够一天战斗所需的弹药和口粮。

（2）进入建筑物后，立即占据其中心或上层地带，以便能够用火力覆盖建筑物周围区域，防止敌军预备队前来增援。

（3）在占据射击点并架好武器后，加强队还要在建筑物正面和侧翼的进军路线处设立额外的射击点，以便未来展开积极的作战行动。

（4）占领建筑物后，加强队必须迅速修建交通壕，改造现有掩体和修建新的掩体……仅仅在大楼里安顿下来是没有意义的。你必须不断尝试靠近敌人。

苏军的"强击群战术"虽然比之前简单粗暴的人海战术要好得多，但绝对算不上什么战术创新。德国人早在1939年就提出了非常相似的战术。事实上，早在1916年（一战期间），某些用于攻击战壕和碉堡的战术中就包含了类似的要素。我们还应该注意到，根据战后的统计数据来看，在斯大林格勒战役中，苏联人的实际兵力损失要比德国人多。

1942年9月28日发布的"第171号命令"对苏军的进攻指令作了进一步补充，并规定了相关的防御措施，包括"纵深部署"的坦克和步兵障碍物，以及其他战斗准备工作：

在构筑障碍物时，应尽量利用现场所有可用的资源，甚至在必要的情况下拆除建筑物和占用有轨电车轨道……还可以通过当地基层组织动员平民来协助构筑障碍物。主要工作应由部队自己完成……夜以继日……

正如崔可夫后来解释的那样，基本的防御阵地是"抵抗的中心"，它由许多据点组成。最好用的筑垒材料是石头和砖块——不仅是因为它们更坚固，还因为它们不太容易被点燃（事实上，有些已经被烧过的材料也很好，因为它们再次着火的风险已大大降低了）。理想情况下，防御阵地内的建筑物应与战壕相互连通，而建筑物之间的间隙则应该"先用火烧一遍，然后用障碍物堵住"。单个据点可由任意数量的人员（从班到营级规模不等）守卫，但他们要尽可能适应全面防御作战且可以独立作战数天。

多层建筑物的不同楼层需要采用不同类型的防御手段。携带手榴弹和轻型自动武器的步兵几乎可以被部署在多层建筑物的任何地方。地下室和低楼层的射击孔则特别适合架设重武器，如可以对街道开火的火炮、反坦克炮和重机枪（还可以将这类武器部署在建筑物的外部和后面，以充当侧翼火力点）。较高的楼层和阁楼最适合部署步枪手、观测员，以及轻型反坦克武器和机枪，以攻击距离更远的目标和隐藏在附近的敌人。此外，交战双方都大量使用了诡雷和人员杀伤地雷。

随着战事连绵数月不绝，苏军将更多的坦克投入了战斗。苏军很少回收和修理损坏的坦克，而是用其充当"前线后面的固定碉堡"，以伏击任何深入阵地的德国装甲部队。苏军防御装甲车辆的手段不仅包括近距离使用反坦克枪和反坦克炮，还包括使用简易的燃烧弹和炸药。此时，交战双方都学会了从高处攻击敌人的装甲车辆——在高处近距离攻击敌人的坦克时，坦克会因主炮的仰角不够，而无法进行还击。此外，埋设在敌人装甲车辆后方的地雷和路障也可以阻止其撤退。

巴甫洛夫大楼和黑色大楼

某些建筑物不仅具有战术意义，还具有极大的宣传价值，特别是红十月工厂、"街垒"兵工厂、国营百货商店和城堡一样的"谷仓"。著名的斯大林格勒拖拉机厂早已转为坦克生产工厂——在斯大林格勒战役的早期阶段，尚未涂漆且缺乏非必要零部件的 T-34 坦克在驶下生产线后，便会被直接投入战斗。斯大林格勒技术大学的广大师生不仅为挖掘防御工事出力，还参与组建了"歼击营"。

在斯大林格勒战役期间，最著名的建筑物也许就是一栋被称为"巴甫洛夫大楼"的小型公寓楼了。这一名字源于 1942 年 9 月，雅科夫·巴甫洛夫（Yakov Pavlov）中士带领另外三名士兵，未开一枪就从德国人手中夺回了这个地方。当时，苏联的报纸详细报道了这一事件的来龙去脉。这幢楼房所处的地理位置很好，可以俯瞰"1 月 9 日广场"（后改称"列宁广场"），并像楔子一样深入德军防线。因此，巴甫洛夫大楼被德军视为"眼中钉、肉中刺"，遭到了持续的火力攻击和频繁袭击。很快，一名军官就率领援军前来支援巴甫洛夫。他们用砖块和沙袋堵住墙壁上的缺口，并占据了屋顶和地下室，他们还架设了机枪，部署了反坦克炮。在德军重武器的轰击下，巴甫洛夫大楼的地板开始塌陷，许多守军阵亡，但苏联人的防御力量并没有因此被削弱。苏联人偷偷在大楼周围埋设了大量地雷，而来自"磨坊"（后方数百米处一个较安全的

1942年秋，斯大林格勒郊区战场上的一个德军阵地。附近的一些木制建筑几乎被炸弹和炮火夷为平地，而一颗重磅炮弹留下的巨大弹坑，则被改造成了一个可以容纳两个人的掩体。掩体内的士兵装备了一挺MG34机枪、一门50毫米轻型迫击炮，以及一支MP38冲锋枪（放在木板上）。一堆空空如也的机枪弹药箱（照片左侧）是这里曾爆发过激烈战斗的证据。（帝国战争博物馆HU 5140）

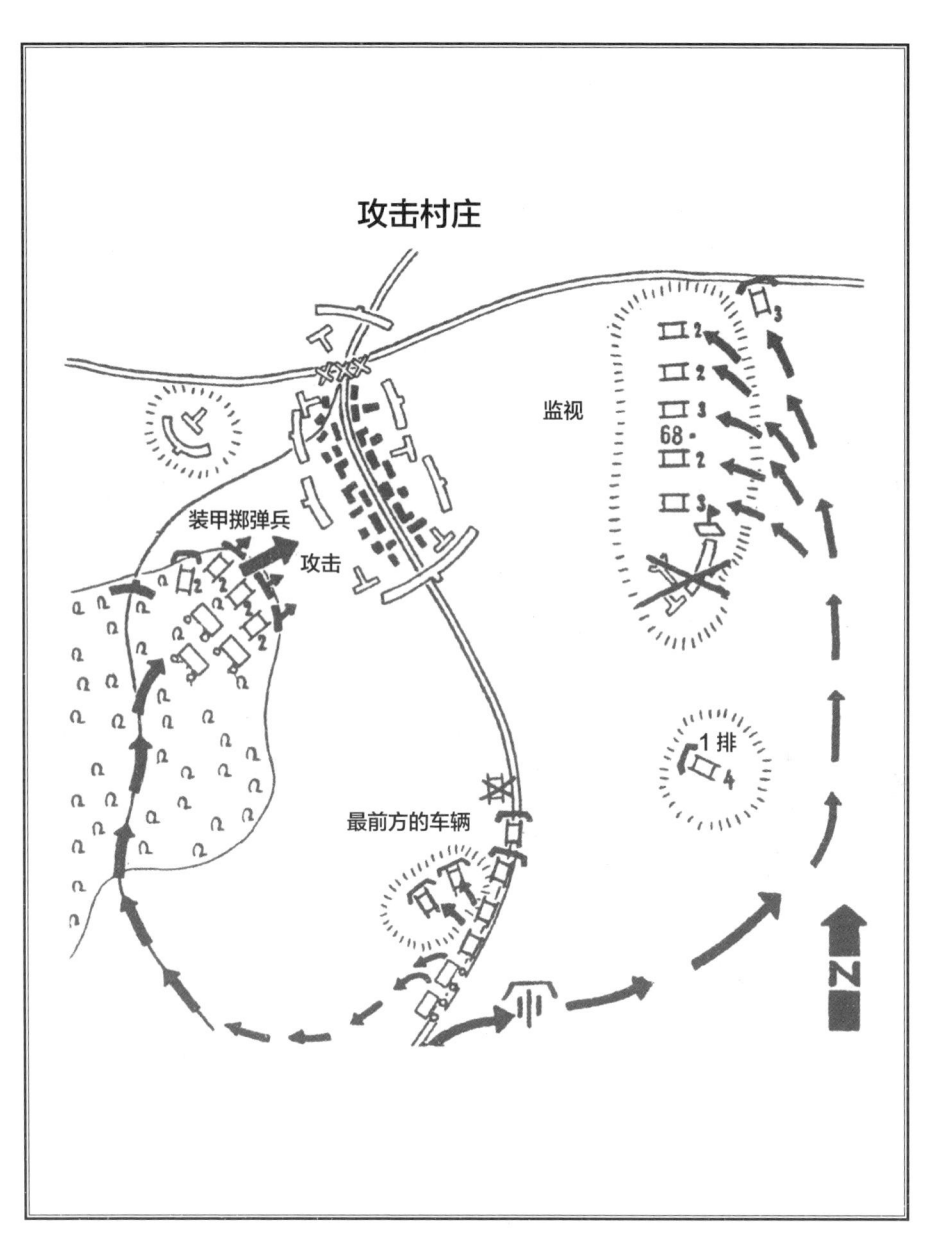

这是德国出版的一本作战手册中的插图，它描绘了如何对预有准备的村庄发动一次理想的攻击。具体来说，就是如何让装甲部队和装甲掷弹兵通过完美配合来攻占目标。当纵队最前方的车辆（位于下方中部）遭到攻击时，其余未被击中的坦克会立刻寻求掩蔽。同时，一部分装甲力量将在距离敌人至少 1000 米的地方，快速迂回到村庄右侧。他们在占领了位于高地顶部的敌方阵地之后就开始监视村内的情况，以便随时提供掩护火力。装甲掷弹兵的主力部队则在其他坦克的护送下，作为钳形攻势的左翼穿过树林。然后，这些装甲掷弹兵会在最接近村庄的地方下车，在装甲部队的炮火掩护下发起全面攻击。

据点）的生力军也在黑暗的掩护下进入了大楼。

苏联方面称，楼内守军一度只剩下一挺可用的冲锋枪，以及最后几颗手榴弹和几块砖块。崔可夫将军宣称，德军在攻击巴甫洛夫大楼期间遭受的人员损失比他们攻占巴黎时还多。鲜为人知的是，饱受创伤的巴甫洛夫中士在战后成了一名东正教僧侣。

相比之下，"黑色大楼"的名气则要小得多——它是苏联人最后夺回的几个据点之一。为夺回这栋大楼，交战双方也在建筑物密集区经历了残酷的近距离战斗。来自第173步兵师的伊万·瓦库罗夫（Ivan Vakurov）回忆道：

早上，在一阵炮击之后，我军开始对大楼发起突击。德国人躲在厚厚的石墙后面，从窗户后面和地下室里向外开火。我们的战士每次只向前冲刺一小段距离，然后相互提供火力掩护。

罗斯托夫采夫（Rostovtsev）中尉第一个进入黑色大楼的大门。我们用手榴弹和机枪开辟了一条通往楼梯的道路。蒂托夫（Titov）中尉、霍罗舍夫（Khoroshev）中士、扎波良斯基（Zapolyansky）和马特维耶夫（Matveyev）跟在罗斯托夫采夫身后。在二楼的楼梯平台处，爆发了激烈的战斗，一颗子弹击中了罗斯托夫采夫中尉，热尔诺夫（Zhernov）中士马上接替了他的位置。当二楼的战斗还在继续时，更多的战士冲进了大楼。大楼的每个角落都发生了激战。马特维耶夫在霍罗舍夫的掩护下爬上阁楼，将旗帜挂在烟囱上。

和一些著名的建筑物一样，狙击手也是苏联方面宣传的主角，苏联民众也因此而产生了一种"狙击手崇拜情结"。个人击杀人数超过200人的狙击手，被苏联官方塑造成了战争英雄。狙击手确实在这场战争中做出了重大贡献，他们不仅消耗了敌军的兵力，还极大程度地打击了敌军的士气，并限制了敌军士兵的行动自由。"获取情报、谨慎、精于野战和进行预判，是城市狙击手应掌握的重要技能"，而且由于城市狙击的射击距离通常很近，所以这些技能比单纯的枪法更重要。狙击手需要掌握的战术技能主要包括：合理利用多个射击位置和不同寻常的藏身处（例如管道和经过伪装的位于高处的房屋），合理使用假人诱饵，尽量在夜间移动。

华沙："即兴表演"和恐怖屠杀

东线最残酷的巷战发生在华沙。由于苏联红军迟迟未到，那里发生了两场截然不同的战斗。第一场战斗发生在1943年4月。当时，犹太战士试图反抗德军对犹太人聚居区的清剿，可他们竭尽心力也只搞到了几百支枪（大多数还只是手枪）。就算是这样，党卫军也花了近三周时间，才击败所有的抵抗者。随后，大多数幸存的犹太人被送往特雷布林卡灭绝营。第二场战斗则是著名的"华沙起义"（1944年8月），波兰人希望能够赶在苏军之前解放华沙——这样做既能削弱德军的战斗力，又能让波兰拥有"对抗苏军的资本"。

虽然波兰家乡军和其他规模较小的抵抗组织秘密召集了大约5万名士兵，但他们严重缺乏武器。最初估计他们只搜罗了大约3000支长短枪、35件反坦克武器（包括数个英制步兵反坦克发射器）、25000枚手榴弹（其中有相当一部分是当地人自制的"土炸弹"），以及区区7挺机枪。后来，加上英国皇家空军空投的武器，以及从敌人手中缴获的武器和在秘密工厂中制造的武器，最终波兰家乡军里有差不多一半的人拥有了"某种形式的武装"。16岁的志愿者维托尔德·戈尔斯基（Witold Gorski）后来回忆说，大部分枪支都被交给了经验丰富的成年男子，而年轻人就凑合着用莫洛托夫鸡尾酒（土制燃烧弹的别称）来对付德国人。

一开始，莱纳·斯塔赫尔（Rainer Stahel）率领的德国驻军只有1万多人，但很快就有援军源源不断地赶来。在这些援军中，不仅有罗尔战斗群、党卫军赖内法特战斗群、令人胆寒的党卫军迭勒旺格突击旅，还有大量东方营[其成员主要是一些叛变的俄罗斯人、乌克兰人（包括臭名昭著的卡明斯基旅）、哥萨克人、阿塞拜疆人]，以及各种警察部队和安保营。

波兰指挥官安东尼·赫鲁西尔（Antoni Chrusciel）将军将华沙划分为八个区域。他所采用的战略非常适合一支通信设备简陋、火力有限的游击队：占领市中心，切断敌方的通信和补给路线，并通过构筑街垒和巷战的方式坚持数日，只要能拖到预计中的罗科索夫斯基（Rokossovsky）率领的白俄罗斯第1方面军赶来的时间，就算成功（当时东方已经传来白俄罗斯第1方面军先头部队的炮声）。

1944年8月1日，波兰方面将部队秘密转移到关键位置，然后突然开火。后来，起义军的领导层曾因在光线充足的白天发动起义而备受指责，但如果在黑夜中起事，"起义军领导层能否对各部队进行有效的指挥和控制"颇令人怀疑。和众多兄弟排一样，朱利安·库尔斯基（Julian Kulski）所在的排也在这一天投入了进攻，他们将手枪和司登冲锋枪藏在夹克下步入阵地：

就在这时，一辆德国巡逻卡车沿着克拉辛斯基街缓缓驶来。在看到我方的战斗队列后，德国人紧急刹车，并向林荫大道中央的人群开火。排长用司登冲锋枪还击，他的一名手下从麻袋里拿出一挺轻机枪，并找到合适的位置架好它。在一阵短暂的连射后，机枪手咒骂了一声："这支破枪卡壳了。"就在这时，威尔克（Wilk）和霍罗登斯基（Horodenski）加入了行动。

德国人对来自侧翼的火力感到惊讶……他们开始掉头。这给了整个排撤退到科霍斯卡街的机会。此时枪声依旧不绝于耳，当我们匍匐在林荫大道的中心分隔带里时，子弹从我们头顶呼啸而过。我不断地开火还击，威尔克用他的司登冲锋枪又打伤了几个人，然后德军就撤退了。

虽然波兰人占领了市中心、老城区和沃拉（Wola）区的大部分目标，并缴获了几辆装甲车和一些"铁拳"，但一些孤立的德军据点并未被拔除。在国家电话大楼里，一群德国人被围困了三个星期，波兰人试图逐层消灭他们。最后，基林斯基营采取了激进的行动方式——由女性工兵（波兰人称之为"minerki"）在地下室引爆炸药，并使用了自制的火焰喷射器。最终有115个德国人被俘，其他人不是被杀就是跳窗了。

然而，在包括布拉格（Praga）区在内的许多郊区，起义并未成功。起义军没能守住维斯瓦河上的桥梁，他们对奥肯切机场的攻击也以失败告终。很快，德国增援部队不断赶来，对平民进行屠杀，或者将他们当作人体盾牌，起义军的活动范围逐渐被限制在市中心附近。在这里，他们遭到了德国空军的轰炸，以及火箭炮等重型武器的轰击。那些令人胆寒的火箭炮有着"音乐盒"或"吼叫的奶牛"之类的绰号，有一张街头海报警告华沙人："不要在'奶牛'吼叫时站在门口！"古斯塔夫-哈纳斯营的齐斯瓦夫·雅基维奇（Zdzislaw Jarkiewicz）是在这些恐怖武器的怒吼下存活的幸运儿之一，他回忆说：

就在这时，我们所在的位置被直接击中，震耳欲聋的爆炸声划破了天空，我变

使用"集束手榴弹"（其实就是将几个手榴弹的弹头用铁丝绑在一枚完整的长柄手榴弹上）攻击被敌人控制的房屋。投掷者在使用这种武器时，需要离目标非常近。这张手绘图片摘自一套德国战时明信片。

成了一根被点燃的火把。我本能地在地上打滚以扑灭火焰，并扯掉了自己的上衣。烧焦的制服碎片散落一地。我半裸着，痛得发疯，跌跌撞撞地跑到急救站……我感觉到了疼痛，可怕的疼痛。被烧伤的手臂像融化的果冻一样惨不忍睹。我在墙上的镜子里看到了自己的模样，然后愣住了，我根本认不出自己。脸被烧伤，头发都掉光了，眼睛也肿了。我的眼镜框因高温而扭曲——但神奇的是，它保住了我的眼睛。我的样子看起来很可怕。但好歹我还活着！

利用突击炮提供近距离支援也是德军战术中不可或缺的一部分，正如1944年12月的美国《情报公报》所报道的那样：

在攻击拥有坚固防御设施的城镇和村庄时，突击炮会以连为单位推进，其任务是摧毁最碍事的房屋。当步兵突入城镇或村庄边缘后，各连的突击炮会按照事先的安排，被分散编入由步兵和工兵组成的突击队，与他们并肩作战……德国人认为，突击炮最适合攻破路障、街垒和工事化的建筑物……突击炮还可以直接射击防御工事的射击孔和其他薄弱之处。在此类任务中，德军的突击炮会与步兵和工兵密切配合，以求突破敌方阵地。

当德国人将华沙分割成"一个个越来越小的孤岛"时，起义军试图逃离包围圈。许多人都聚集到了下水道里，卡罗尔·托马谢夫斯基（Karol Tomaszewski）下士回忆道：

女性联络官负责担任下水道向导，因为这些妇女为了传达命令和运送弹药，曾多次穿过这些下水道。起初我们必须四肢着地地向前爬，但后来我们就能够站起来了。时值九月下旬，下水道里流淌的废水凉飕飕的。在一些地方，德国人设法用障碍物拦住了水流，我们必须打破这些"屏障"，让水退去，否则我们就会被淹死。有时候，水都淹到了我们的下巴。我们必须保持沉默，我甚至听到德国人通过下水道口喊话，让我们上去投降。但我后来了解到，那些投降的人很快就被处决了。就这样，我们在下水道里待了11个小时之久。我很幸运，在进入下水道之前收到了一瓶伏特加……当我发现自己虚弱得发抖时，就会靠在下水道的墙壁上喝一小口酒。当我走出下水道后，整个人已是筋疲力尽，身上又臭又脏。

尽管一直在通过广播要求波兰人发动起义，但苏联人并没有积极响应波兰人的行动，只是待在城外不远处隔岸观火。不过这也不能完全怪苏联人——罗科索夫斯基从东面派出的先头侦察部队被德军猛烈的反击逐退了40千米。西方盟军冒着极大的风险，在苏联方面的阻挠下空投了装备，但也于事无补。63天后的10月4日，波兰人的所有抵抗都被拥有坦克、大炮和飞机支援的德军残酷镇压了。德国人及其爪牙被击毙约17000人，但他们却杀害了20多万名波兰人——其中绝大多数都是被随意屠杀和大规模处决的平民（据估计，仅8月5日，迭勒旺格突击旅和卡明斯基旅就在沃拉区杀害了约1万人）。在惨遭焚烧、空袭与炮击之后，华沙有约85%的建筑被摧毁，其中包括923座历史建筑物、近150所普通学校、两所大学和国家图书馆。这与在8月底获得解放的巴黎形成了鲜明对比。在巴黎，法国人的起义得到了美国和自由法国军队的支持，且德国指挥官拒绝执行上级要求夷平这座城市的命令。因此，巴黎的大部分建筑都幸免于难。

德国分析视角

然而，华沙起义的镇压者对自己的表现并不完全满意，德军采用的装甲战术也备受批评。美国情报部门截获并翻译了一份名为《装甲部队笔记》（*Notes for Panzer Troops*）的文件——这份文件被认为是"未来城市装甲作战的模型"。在这份文件中，德国人强调了10个关键点，试图通过镇压华沙起义的战例，为将来的城镇作战树立一个可供借鉴的典范：

（1）重型支援武器在缺乏步兵协同的情况下效果不佳。改进方法是将资源集中在"得到批准的目标"上，并让步兵做好进攻准备。"一旦最后一发炮弹落下"，步兵就要立刻做出反应。随后，搭载步兵的装甲车辆要负责提供压制性火力，以防止敌人干扰进攻。

（2）德国军队过多使用了开阔的街道。以后军队应尽量利用房屋墙壁来遮挡自己，这样就可以在敌人的视线以外转移伤员和弹药。

1944年10月,华沙。在起义被镇压后,为了尽量挽救更多的部下,身为波兰抵抗运动领导人之一的博尔－科莫罗夫斯基(Bor-Komorowski)将军在一名德国警察的注视下,向党卫军上将埃里希·冯·登·巴赫－泽莱夫斯基(Erich von dem Bach-Zelewski)投降。(帝国战争博物馆 MH 4489)

(3)未来,所有被占领的建筑物都应当予以强化和加固,并将窗户和其他开口用作射击口。地窖的入口和楼梯应受到特别关注,而任何无法立即肃清的地下通道都应堵住,或者将其炸毁并派兵把守,不允许任何部队无所事事。

(4)与普遍的看法相反,已完全毁坏的建筑物仍然对敌人有用。因此,即使是瓦砾堆也必须加以占领或以火力覆盖。必要时,可派遣巡逻队搜捕敌方的散兵游勇。

(5)随意破坏房屋往往会适得其反,所以今后只应摧毁那些"可以掩护敌人接近要害地点的建筑物"。

(6)将坦克当推土机使用,以移除街垒和路障时,它们很容易遭到反坦克武器的近距离攻击。今后在遇到街垒和路障时,应先派遣步兵强行通过,然后再"动员平民来完成扫清障碍的工作"。

（7）未能充分发挥步枪的作用被证明是一种错误的节约行为。今后，步枪手和机枪手必须从所有新占领的建筑物中，迅速而稳定地射击。步枪火力应集中打击群体目标，以持续压制敌人。不能让敌人得到片刻喘息，要让他们感到自己时刻受到监视，并随时都可能受到攻击。尤为重要的是，一定要快速开火，以阻止敌人从容撤往备用阵地。

（8）攻击者没有充分挖掘数量可观的平民的潜力。因此，以后要多多发动身强力壮的平民来清理废墟，"德国军队必须无情地强制平民执行这一命令，即使冒着敌人的炮火也要这么做"。

（9）需要使用更加巧妙的方法来对付敌人，比如通过佯攻来诱使敌人开火，再将暴露的敌军火力点一一端掉。

（10）通信不畅会影响作战效率。因此，各突击分队应在协同作战和战术等方面得到更好的指导，还应随时向进攻部队发送报告，让他们能及时了解战场情况。

作为这些关键点的补充，德国装甲部队总监还特别指出："当坦克被用于巷战时，应采用类似于在诺曼底战役中使用的'步坦小队'战术，即小规模的步兵部队应直接与坦克密切协同，紧密配合。为了减少人员伤亡，要坚持四个主要原则——不分兵、彻底而有目的地集中火力、步兵可随时召唤坦克提供火力支援、始终保持密切的相互支援。"

在意大利作战获得的经验和教训

虽然西方盟军曾在北非等地作战,但其并没有太多巷战经验。直到盟军在意大利登陆之后,持续的巷战才成为一种常见的战斗形式,这最终导致盟军修订现有条令和出版新战术手册。对于加拿大第1师来说,1943年12月在亚得里亚海沿岸发生的奥托纳(Ortona)战役就像是一场成人礼。这场持续了三周的战斗,被媒体有些夸张地称为"第二次斯大林格勒战役"。防守该镇的德国伞兵的战斗经验极其丰富——我们可以从美国《情报公报》上刊登的一位加拿大军官的描述中很清楚地发现这一点:

德军对城市地形进行了细致勘察,掌握了城市的每一条街道和小巷的分布情况,并分析出了街道与街道之间、建筑与建筑之间、房屋与房屋之间的最佳前进路线。德军在这种详细的地形分析的基础上,组织了防御,精准选择了各类武器的射击位置。在进攻战斗中,我们体会最深的就是德军那种顽强的战斗意志和坚强的防御行动。我们的部队称敌方的这一突出特点为"纯粹的勇气"。在防御时,德军选择并构筑了"火力歼击区",还以此为依据为各类武器设定了射击诸元。对于那些不能用火力完全覆盖的区域和接近路线,德军会炸毁附近的建筑物,利用残垣断壁制造障碍,并使用火力来覆盖这些障碍。德军机枪的部署位置十分科学,既能有效发扬火力,又能相互掩护。

德军位于废墟中的反坦克炮都经过了精心伪装,并被部署在可以对盟军车辆实施纵向射击的位置上。一个个相互连接的战壕为防御阵地内的部队提供了快速运动的条件,使进攻者会不断遭到狙击手、榴弹发射器和火焰喷射器的攻击。虽然很少实施真正的反击,但德军会悄悄回到盟军已占领但未设防的区域,并在战斗中用生力军来替换丧失作战能力的守军(最多轮换了四次)。此外,德军还派Fw-190战机进行了几次"基本上无任何意义的飞行"。

忠诚埃德蒙顿团在其战争日记中记录下了这8天的战斗情况。在这8天里,该部队沿着奥托纳的主要街道前进,负责清除障碍,为提供支援的装甲部队开辟通道。尽管坦克炮在近距离摧毁敌军火力方面"表现出色",但到圣诞节前夕,该部队在前线的3个连就都只剩下60人了。圣诞节后的第一个工作日(节礼日),

德国第1伞兵师的伞兵占领了卡西诺（Cassino）镇废墟上的阵地。此时，交战双方都已意识到"在城镇战中，摧毁建筑物和驱逐顽强抵抗的敌军并不是一回事"。（本照片由 E.G. 维耶蒂提供）

忠诚埃德蒙顿团占领了大教堂广场。在这里，他们发现了敌人埋设的炸药。不过，在一栋建筑物里发生的爆炸还是使该团损失了整整一个排的兵力。救援人员在碎石堆中努力搜寻，成功救出了四名士兵。为对德军实施报复，忠诚埃德蒙顿团用3英寸迫击炮"集中发射了1100枚高爆弹"。不过，一些紧密排列的建筑最终还是靠步兵炸开墙壁才拿下的。当奥托纳城内的敌军被肃清时，加拿大第1步兵师已伤亡2339人，至少暂时失去了战斗力。

盟军轰炸了卡西诺镇后，碎石堆积如山，挡住了新西兰部队的坦克前进的道路，导致其无法为自己的步兵提供近距离支援。（帝国战争博物馆 NA 13800）

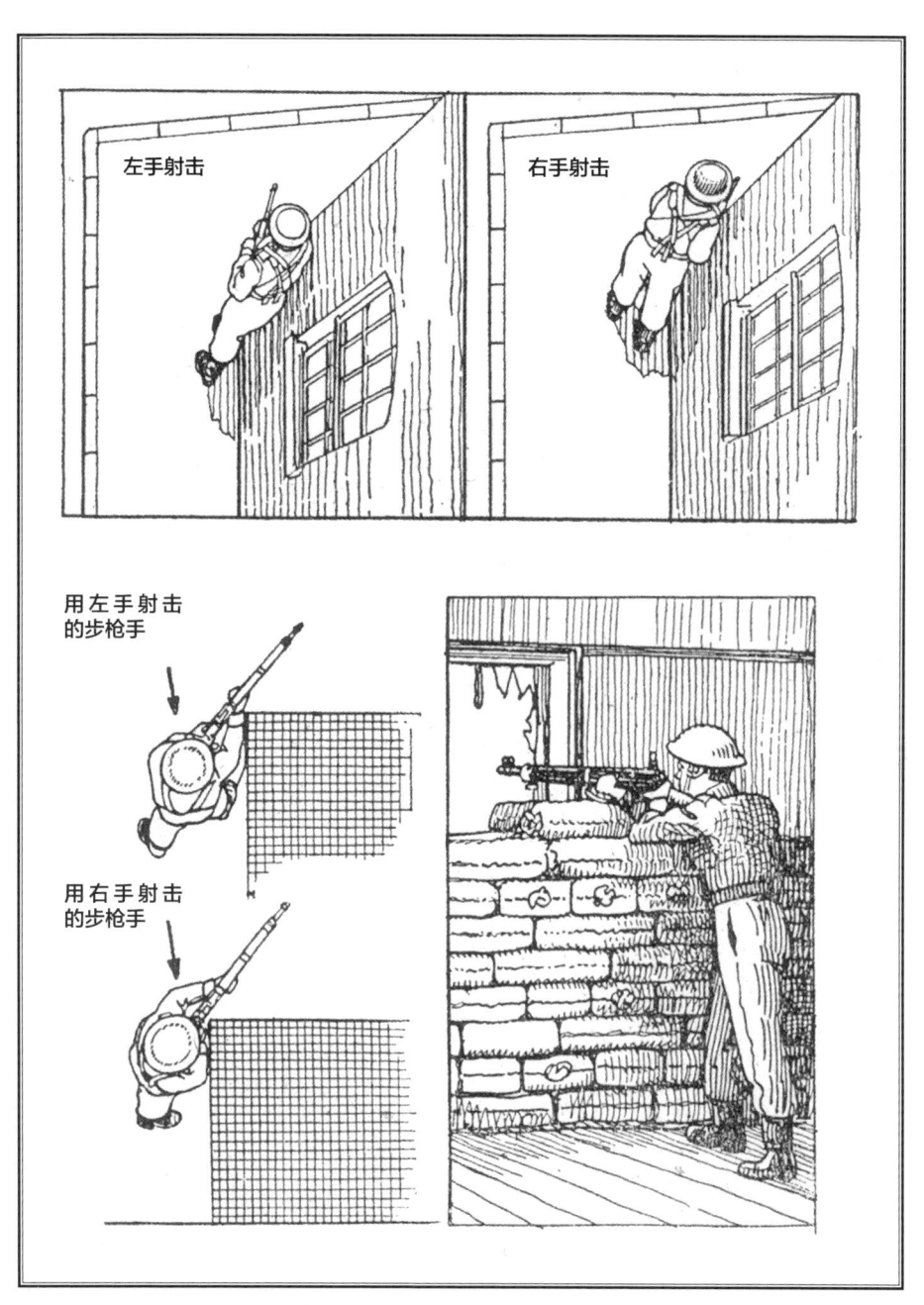

"双手灵活的神射手"该如何在城镇战中充分利用掩体,摘自 D. 威普(D.Whipp)所著的《巷战与游击战》(Street and Guerilla Fighting, 1942 年发布)。请注意,从窗口射击时,步枪手应尽量靠后站。从图中一整面的"沙袋墙"可以看出,这名步枪手所在的部队有大量的时间来完成准备工作。

珍贵的武器残骸——一辆德军的"黑豹"坦克在巷战中被击毁。在狭窄的街道中，配备榴弹炮的装甲战车和工程坦克确实能发挥一定作用，而射程虽远但弹道平直的坦克炮却基本没有用武之地。如果没有足够的步兵来保护坦克，它们就很容易沦为步兵反坦克武器的猎物。这辆早期的"黑豹"D型坦克上印有模糊的"红102"标记，我们由此判断，其可能隶属重建的第16装甲师（该师已在斯大林格勒的巷战中被歼灭过一次）。这辆坦克上装有一根回收用的牵引索，其炮塔已旋转到了"6点钟"方向。

英国人的分析：《建筑物密集区的战斗》（1943年发布）

从1943年起，英国就开始将《建筑物密集区的战斗》(Fighting in Built Up Areas)用作地中海战区的城镇战指南——1945年，英国人对这本手册进行了修订，使其成为很多战后文献的资料来源。《建筑物密集区的战斗》是以《教官手册》(Instructors' Handbook，自1942年10月以来，这本手册一直都是正规军战术条令的主要依据）为基础编写的，并最终取代了后者。

英国人在《建筑物密集区的战斗》中强调，所有士兵都应该熟悉城镇战。然而，建筑物密集区具有非常特殊的属性，其中最重要的一点就是：这里既包含非常封闭的区域，也拥有非常开阔的区域——"每条街道的边缘都有大量受保护的射击阵地、隐蔽处和伏击点。因此，战斗几乎总是在近距离进行的，交战双方的伤亡都很惨重,且他们的神经都高度紧张"。有限的能见度意味着必须重视短程武器,交火时有两点至关重要:第一,在近距离遭遇战中,应尽量确保"第一枪"的准确性;第二,即使是最小规模的行动,也应绝对保证必要的火力掩护。

两个版本的《建筑物密集区的战斗》中所提到的小规模作战战术,与英国人在1943年1月为国民军制定的战术极为相似。在夺取房屋时,各班会分为"清剿组"和"掩护组",并且尽可能从建筑物的顶部向下展开行动。

冲锋枪、步枪和手榴弹是近距离作战的主力武器,而轻机枪则多被用于对开放区域实施火力覆盖,以及压制敌方的掩护火力。小型的2英寸排属迫击炮应该用高爆弹进行扰乱性射击,或者为部队提供烟幕掩护。熟练的操作人员能够将炮弹"射进后花园或其他难以进入的空间",或者"让低角度发射的炮弹从墙上反弹至附近的街道上",最好的迫击炮手甚至能够将高爆弹射入指定的窗户里。1944年3月,《建筑物密集区的战斗》中的重点内容被纳入了《步兵训练》手册。《步兵训练》这本开创性的手册所强调的"野战技巧"与《建筑物密集区的战斗》所强调的技巧并不一样,但在建筑物密集区和乡村地区都适用。

《建筑物密集区的战斗》和《步兵训练》的核心内容很相近,都是为执行街道清障任务的排提供的训练指南。具体的训练方式为:假定该排下辖三个步兵班,以及由排部和后备队组成的第四个班;第一班和后备队负责提供火力掩护,而第二班和第三班则轮流作为行动的"活跃"部分,轮流逐一肃清街道两侧的房屋;在任何指定的时刻,都要使用全排约四分之三的武器进行火力掩护,以确保形成极具威力的"杀伤区",从而顺利展开稳定且有计划的肃清行动,并将"误伤"的可能性降至最低。与部分战斗人员采用的"火力侦察"相比,这种方法看似非常普通,但其有条不紊地推进不仅可以节省兵力,还可以尽量避免人员伤亡。此外,在村庄中作战时,各排会尽可能在侧翼部署"伏击队",堵住敌人最有可能选择的撤退道路。

卡西诺山战役

1944年年初,盟军在卡西诺山(Monte Cassino)附近进行了四次战斗,历时约五个月,参与这场战斗的有自由法国组织(Free French)以及英国、印度、美国、波兰和新西兰部队。虽然只有部分行动是在建筑物密集区进行的,但正如美国第34师的一份报告中所解释的那样,在这类区域进行的战斗极具挑战性:

图 12

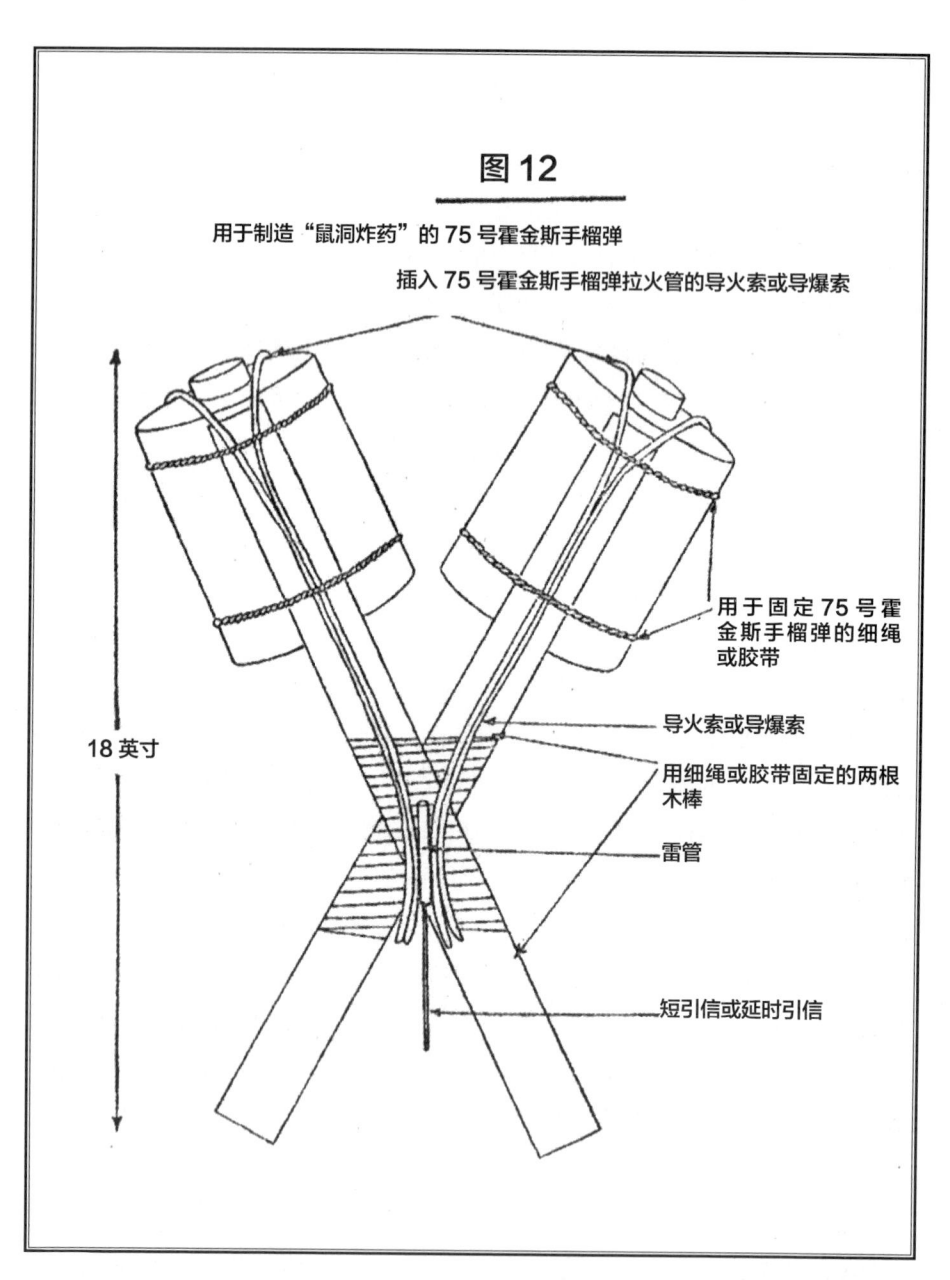

用于制造"鼠洞炸药"的 75 号霍金斯手榴弹

插入 75 号霍金斯手榴弹拉火管的导火索或导爆索

用于固定 75 号霍金斯手榴弹的细绳或胶带

导火索或导爆索

用细绳或胶带固定的两根木棒

雷管

短引信或延时引信

18 英寸

使用两枚 75 号霍金斯手榴弹、木棒（或木板）、导爆（火）索、延时引信、胶带和雷管制作的简易"鼠洞炸药"。一对这样的强力炸弹同时爆炸，足以在大多数类型的墙壁上制造出一个能让人穿过的洞口。这种装置经过改进后可绑上 4—5 个药包（或手榴弹）——据报道，1943 年 12 月，加拿大第 1 师在奥托纳首次使用了这种"炸药"。这幅摘自《第 51 号国民军指令》的插图，再次证明了英国国民军采取的城镇战战术训练是盟军部队中最先进的（另可参见精英系列第 160 号，《二战步兵突击战术》，图 F）。

敌人对卡西诺镇及其特殊地形的运用非常有效。中央庭院周围呈四边形排列的房屋、不规则分布的街道，以及厚重的砖石建筑，使我们无法将敌人赶至开放区域并加以消灭，而且我们的武器的火力覆盖范围也非常有限。敌人一贯勇猛而警觉，敌我双方不停在建筑物之间互相投掷手榴弹。敌人对自行火炮的运用颇为大胆——把它们开到开阔地，发射几枚炮弹后，就后撤到位于建筑物之间的掩体内……我们的坦克被狭窄的街道阻挡……但有好几次，我们的坦克都通过近距离平射摧毁了敌人设在建筑物中的据点。我们的部队在攻占卡西诺镇的行动中，用8英寸火炮和240毫米火炮对该镇被敌人占领的部分实施了极其猛烈的集中攻击，但敌方的斗志并未受到影响。

2月中旬，新西兰和印度军队发起了新一轮突击。在整团整团的炮兵和一波又一波轰炸机的狂轰滥炸下，雨后的卡西诺镇的建筑物被彻底摧毁了——就像一份报告所描述的那样，变成了"一摊面团"。南格尔（Nangle）上校和他的廓尔喀士兵遭遇了"令人难以置信的混乱局面"，道路或车辙全部消失了，"只留下巨大的瓦砾堆，从中可以看到参差不齐的残垣断壁"。然而，事实证明，耗费了大量弹药的饱和攻击也不足以粉碎德军的抵抗，德国人的依仗是混凝土碉堡和由地下室改造而成的坚固的防空壕——后者具有由梁木、泥土和空隙组成的多层夹心结构，专为吸收爆炸冲击波而设计。在大陆酒店附近，德国人还在废墟中"嵌入"了一辆坦克。新西兰军队在进入该镇之后，发现重型武器越来越难以发挥作用。最后，进攻方和防御方的阵地完全混在了一起。关于这一点有一个很著名的例子：盟军的一个排在一栋房子里待了36个小时，他们可以听到德国人在屋顶上来回走动的声音，而来自其他据点的掩护火力和从上方投下来的手榴弹，导致进攻方既无法离开，也无法赶走的对手。

"狄更斯"行动（Operation Dickens）期间的类似经历，促使盟军总部发布了《第5号训练备忘录》(*Training Memorandum No.5*)。该备忘录旨在"协调城镇战中，地面部队和空军的行动"，以提高协同作战的效率："如果战术飞机的数量充足，则最好不要让战略轰炸机加入战斗序列"；"如果必须使用战略轰炸机，就应确保采用平行于战线轰炸的方式，以避免误伤己方部队"；"采用延时引信，以确保炸弹在爆炸前可穿透地下室"；"必须准确控制炸弹的总重量，以确保在进行了任何形式的

图 7

夜间巡逻的作战排→沿街道行进→交替使用两种队形

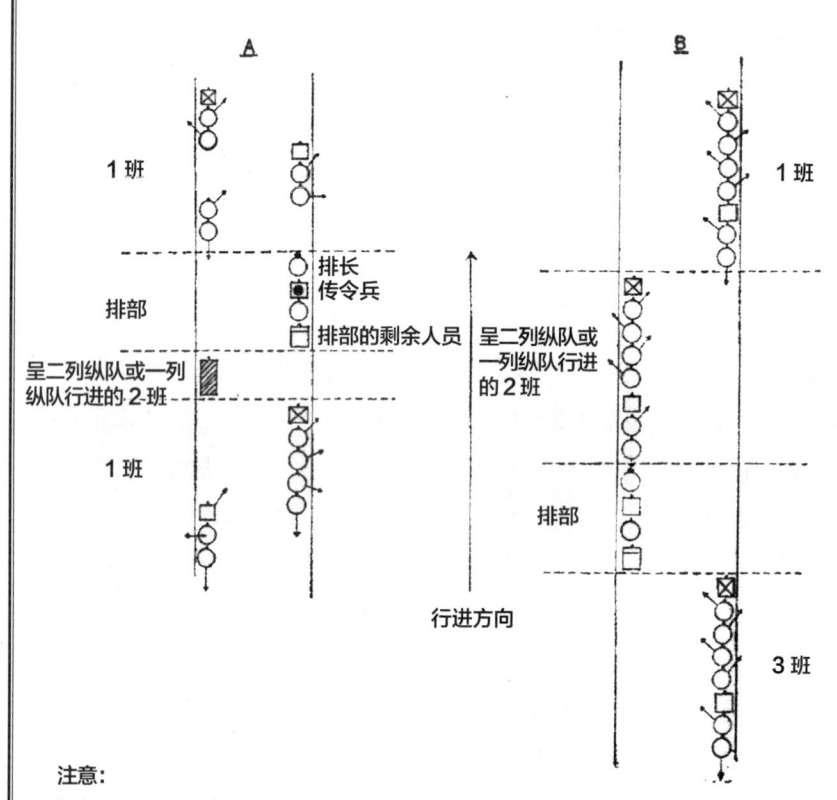

A

1 班

排部

呈二列纵队或一列纵队行进的 2 班

1 班

排长
传令兵
排部的剩余人员

行进方向

B

1 班

呈二列纵队或一列纵队行进的 2 班

排部

3 班

注意：
（1）先头班的士兵不可以靠得太近（间距不得小于 4.5 米）。其余的士兵在前进时可以靠得近一些。
（2）虽然各个班之间的距离需要根据街道的类型和可能遭遇的对手进行调整，但两个班之间的距离不得小于 27 米。

一个排的士兵在街道上行进时，可以使用的两种不同的队形，详情可参阅《巡逻》手册（1943 年 1 月）。

"鼠洞战术":在布雷斯特战役中,美军在建筑物厚厚的外墙上炸开了一个洞。在第一张照片中,士兵将一个"大炸弹"(由 12 个 1/2 磅重的炸药块组成)小心翼翼地放入地下室的窗户——顺便提一句,这也是城镇防御战中很适合架设重武器的位置。在 6 磅重的 TNT 被引爆前,该小组必须远离爆炸点,并寻找掩体以确保自身安全。在第二张照片中,一名美国士兵正通过被炸开的洞口爬进大楼。(帝国战争博物馆 HU 94979 & 94980)

轰炸后,都能够及时、积极、最大程度地发挥步兵的力量";"迫击炮和坦克歼击车必须快速移动,直接支援地面作战";"在必须穿越被敌人占领的建筑物密集区时,装甲部队最好快速通过,以防止敌人增援——因为这可能会让一场小规模的战斗变成大型消耗战"。虽然以上条款都来自"血的教训",但《第5号训练备忘录》直到1944年6月14日才颁布,而且直到D日之后,它所包含的内容是否已被部队"完全吸收"也颇值得怀疑。

欧洲西北部的美国陆军

条令：野战手册 FM 31-50

到 1943 年年底，随着战斗经验的累积和对敌人的作战方法的分析，盟军的巷战战术得到了一定程度的发展。意义非凡的野战手册 FM 31-50——《攻击堡垒阵地和城镇战》（*Fortified Position and Combat in Towns*）于 1944 年 1 月发布，取代了《33 号训练通告》和《41 号训练通告》，并修改了于 1941 年发布的相关手册中所提供的基本建议。在美国军队于 1944 年 6 月进入法国之前，该野战手册一直是美国士兵学习巷战经验的关键文件。

正如大家已经普遍认可的那样，《攻击堡垒阵地和城镇战》建议士兵应尽量避免参与巷战。如果必须参与巷战，那么士兵应考虑以下六个关键点：

（1）交战双方都可利用掩体和隐蔽点。

（2）街道和小巷适合行动，但很容易遭到火力扫射。

（3）观察范围和射界受到限制。

（4）通常情况下，机械化车辆在巷战中会受到很大限制，并可能遭到各种武器的近距离攻击。由于无法抬高或压低其主武器，以向附近建筑物的上层或地下室射击，坦克的作用在巷战中会被进一步削弱。

（5）通常情况下，由于与敌方部队之间的距离太近，火炮和飞机近距离支援的效果有限。

（6）因为通信会受到影响，所以必须将指挥权下放至更小规模的单位。这就意味着下级指挥官必须具备很高的主动性，且对战场态势有足够的了解。

至于建筑物所处的环境，有人认为可以通过建筑物的特点来将其分为三种类型：郊区——建筑物的特点是"孤立的房屋（最好将其视为不良掩体）或房屋群，在其周围有庭院、树木、田地和空地"；城镇中心通常由一个个街区构成，几乎没有什么开阔地，但这里的建筑物往往存在可以有效增强防御力量的地窖和地下室；"中间"地带，这里的建筑物大多是半独立式房屋和间距较近的房屋。正如《攻击堡垒阵地和城镇战》中委婉解释的那样，所有类型的建筑物都有可能被战斗

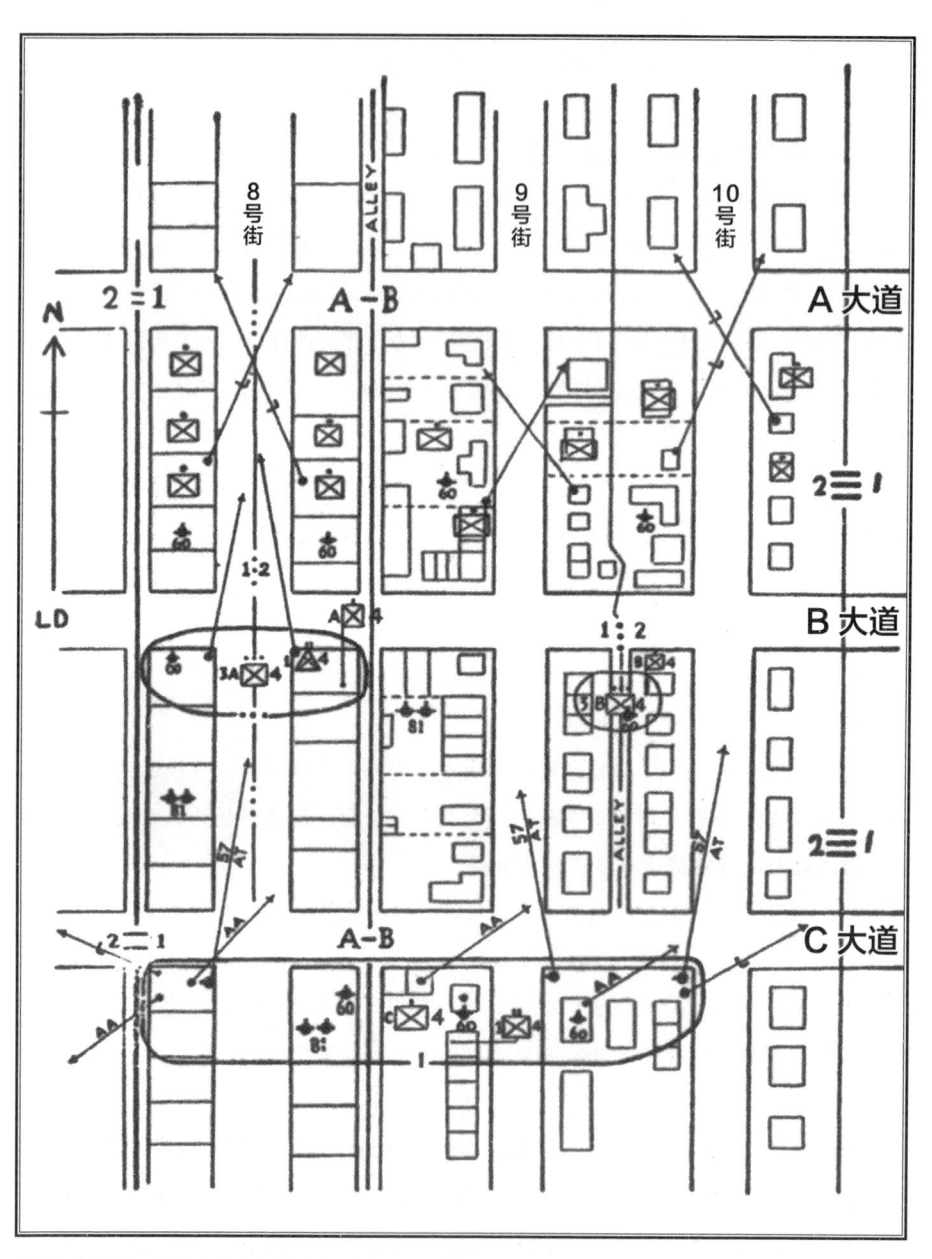

美军教科书式的建筑物密集区攻占计划，具体可参见《攻击堡垒阵地和城镇战》。这幅图中绘制了每个排向北移动的前进路线。为方便指挥，该区域按 A 大道、B 大道、C 大道（水平方向）和假想的垂直线（垂直方向）进行了划分。在这个示例中，进攻方不需要逐一攻打每个街区。计划的制定者希望城镇的网格布局能帮助进攻部队始终认清方向——实际上这一期望往往会落空，因为大多数欧洲古镇的街道布局都是几个世纪以来"自然生长"的结果，并非如此整齐划一。

"改造"，由此产生的残垣断壁"类似于植被茂密的田野，能够提供大量掩体，并限制部队行动"。

士兵一定要意识到，建筑物密集区拥有"第三个维度"。在这里，士兵可以从下方或上方绕过敌人——通常情况下，位于建筑物顶部的作战人员比位于建筑物下方的作战人员更具优势。此外，灰尘和噪声带来的影响也会在城镇中被放大，优秀的士兵会对其加以利用，比如：狙击步枪发出的声音会在多个物体的表面发生反射，从而让人无从判断狙击手的位置。值得一提的是，在建筑物密集区作战时，交战双方的机动性和视野都会受到很大限制，以至于在讨论部队控制方面的问题时，人们经常把城镇与"茂密的丛林"相提并论。

美国发布的相关条令表示，摧毁敌方火力对战斗而言至关重要。因为交战双方之间的距离可能会非常近，所以团属反坦克炮连和步兵炮连将发挥关键作用。此外，美军认为，有必要靠前部署大部分迫击炮和机枪——"对每一次行动来说，掩护火力都是必不可少的。不管是大规模部队，还是最小的作战单元，都必须为其提供火力支援"。在适当的时机施放烟幕也非常重要，特别是对规模较小的部队来说，烟幕既可以给敌方的观察制造障碍，也有助于己方进行欺骗和偷袭。很多战斗都发生在夜间——此时士兵可以更安全地穿过街道，进行渗透并与敌方巡逻队交战。

《攻击堡垒阵地和城镇战》指出，士兵不能心存怜悯，因为在很多情况下，"最快、最可靠和代价最小的攻击方法就是将建筑物烧毁"。此外，防守方必须将潜伏在防区内的敌方"第五纵队"（指隐藏在己方内部的间谍）找出来，并无情地将其击杀。有趣的是，这本手册中大部分关于平民的段落，与英国的《建筑物密集区的战斗》中的描述相同，只有几个重要的区别。英国人建议，让"友好"城镇中的平民尽快撤离是最好的选择——如果不能做到这一点，也要将妇女和儿童转移到特定的区域。在占领某个敌方城镇之后，应尽快将"不重要的"平民从重要区域撤离，并为所有被允许留下来的平民发放一张彩色通行证——英国人认为，可以通过这种方式来区分间谍和平民。虽然这种方法不一定能奏效，但我们可以从中明显看出，英国人更倾向于先让平民安全撤离，而不是进行"艰难的筛选"，并"无情地"处理那些"可疑人员"。

《攻击堡垒阵地和城镇战》建议分两个阶段来发起攻击：第一阶段要实现的目标是

"在建筑物密集区占领一个阵地,并将其作为展开进攻的出发阵地,以降低敌军的远程直射火力打击的有效性,并对敌方的观察造成阻碍";第二阶段要实现的目标是"在建筑物密集的地区挺进"。为了成功达成这一目的,应尽量做到以下几点:

步兵单位的指挥权应尽量下放,并确保(指挥权)可以被顺利收回;对已占地区展开清剿行动;确保步兵与炮兵之间的密切联系;通常情况下,应在建筑物密集区外围建立支援阵地,以确保能提供支援火力;慎重考虑补给问题,因为通往后方的道路很可能会被敌人封锁;必须尽一切努力前运补给,一旦车辆无法通行,应立即派后勤部队以人力搬运的方式提供补给;为挨家挨户进行的战斗提供大量的手榴弹和炸药。

1944年10月,亚琛:一门被美军部署在废墟旁的57毫米反坦克炮。这里的建筑物残骸可为火炮提供一定的保护和伪装。以这种方式部署的火炮和机枪,可以形成极其危险的"火力歼击区"。在巷战中,即使是像美制和德制37毫米反坦克炮这样过时的武器也非常有用——它们易于操作,且能隐藏在瓦砾和废墟中,为发起进攻的步兵提供有效的支援火力。(美国通信兵部队)

美国士兵在法国梅茨的街道上相当草率地进行着房屋清剿工作。根据既定训练要求，持勃朗宁自动步枪的士兵（左）应保持更远的距离，他们要监视可能的出口，并为进入房屋的士兵提供掩护。美军在训练中有特别提出警告，不能出现照片中这种"扎堆"现象。（帝国战争博物馆 EA 44646）

负责进攻的团级部队应根据建筑物和相关工事的类型指定营级部队沿相对狭窄的进攻正面前进，并为参与进攻的部队提供大量支援武器，还应派工兵去清除地雷、障碍物和诡雷，以及实施爆破和进行临时维修。参与进攻的营级部队可以视情况修改部署，但通常会给其编成内的每个连分配一个或两个（最多两个）街区。营长划定进攻区域后，会要求士兵按街区逐一肃清敌人，并确定一系列分阶段目标——例如，要到达某条铁路线，或者要夺取某条街道。为消灭特定的目标，参与进攻的部队可能还需要大量反坦克炮和炮兵支援。位于几个街区之外的"营级预备队"可以保护进攻部队的翼侧、包围敌人或完成扫尾工作。

一般情况下，步兵排会负责攻击某个街区或某排房屋，排长"会保持高度警惕，并发挥积极的领导作用"。排长必须充分利用机枪火力，并将60毫米迫击炮视为"机会武器"，用于对付狙击手或暴露在外的敌人——60毫米迫击炮发射的炮弹对大型建筑物的影响相对较小。81毫米迫击炮的威力较大，是"建筑物克星"，

63

它发射的炮弹不仅可以摧毁一整栋"轻型建筑物",还可以穿透很多建筑物的屋顶。排长应积极申请利用坦克歼击车或其他重型武器来摧毁特别难以攻克的建筑物。当有必要进行正面攻击时,排长要确保制造大量的烟幕,或者对路障和其他障碍物发射燃烧弹。

无论是何种类型的坦克和坦克歼击车,都需要谨慎使用,最好是小规模部署,以完成诸如应对敌方反击、摧毁特定的建筑物或排除路障等任务。喷火坦克可以摧毁敌方据点或将敌人赶出掩体。轻型榴弹炮最适合向建筑物密集区发射炮弹。所有的坦克都必须和步兵协同作战,由步兵提供近距离支援。炮兵必须和前进观测员紧密配合。

在最低级别的战斗中,可以让步兵班充当"突击班",并根据需要来配置装备和人员。这类突击班在人员和武器配置方面因任务而异,但基本上与攻击筑垒地域的突击队相同。最佳的人员配置方式是以一个步兵连和一个工兵排为基础,组织几个突击单位。步兵连的其余人员将负责"提供支援"。一个标准的12人突击班包括:

班长,携带步枪、手榴弹和通信设备。
双人"爆破组",携带步枪、爆破药包和手榴弹。
火焰喷射器射手,携带火焰喷射器、手榴弹和手枪。
火箭筒射手,携带巴祖卡火箭筒、火箭弹、手榴弹和手枪。
火箭筒副射手,携带火箭弹、步枪和手榴弹。

剪线组:
副班长,携带步枪、剪线钳、(枪)榴弹发射器、手榴弹和通信设备。
自动步枪射手,携带勃朗宁自动步枪和手榴弹。
自动步枪副射手,携带步枪、榴弹发射器和手榴弹。
三名步枪手,携带步枪、爆破筒、剪线钳、手榴弹和(枪)榴弹发射器。

当然,在带刺铁丝网很少或没有带刺铁丝网的区域,士兵也可以将剪线钳更换为其他装备——可供选择的装备可能包括爆破药包、燃烧弹、卡宾枪、大锤和斧头。

错误   **正确**

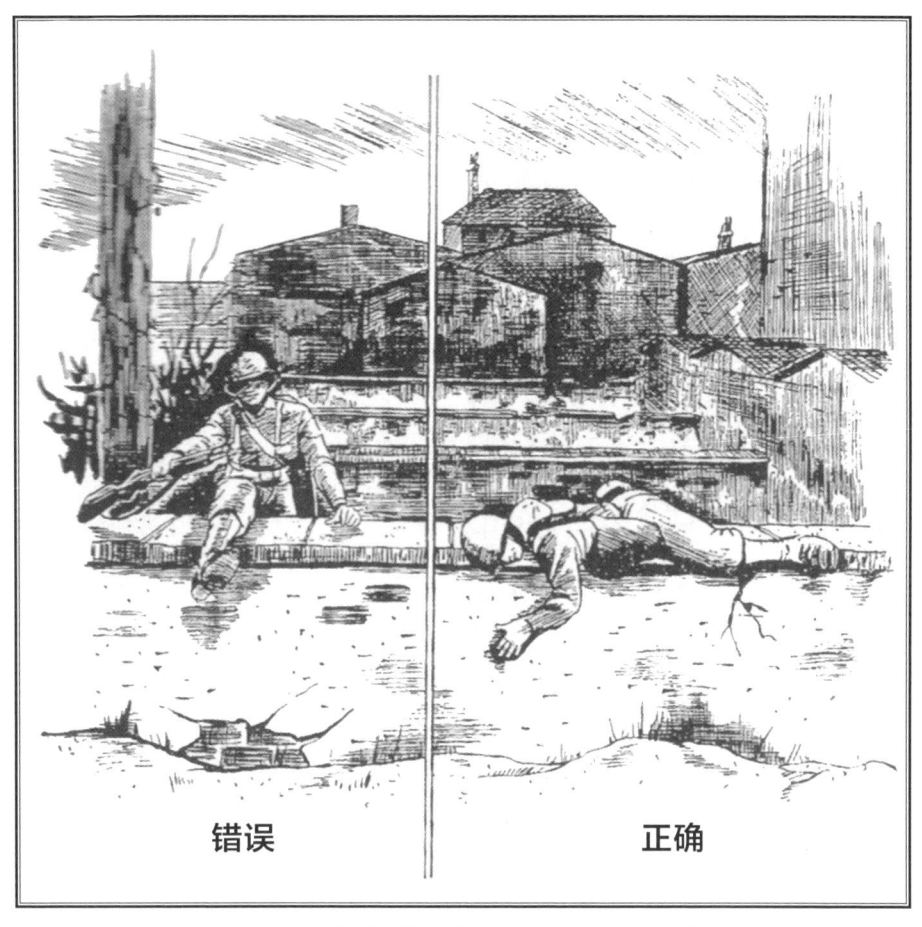

美国人在《攻击堡垒阵地和城镇战》中给出了正确的翻墙方法：士兵应趴在墙头，以避免露出明显的身体轮廓；接下来，他要快速翻至墙壁的另一侧，并快速跑开或做好卧姿射击准备。

巷战

    所有参与巷战的步兵都会被警告不要携带太多装备。步兵应携带的装备包括头盔、步枪、刺刀和手榴弹。此外，还有一些物品也可能极为有用，比如冲锋枪、手枪、刀具、绳索和抓钩。

    所有参与巷战的步兵部队都要携带可用于破门、破墙和砸破屋顶的撬棍与斧头。如果部队提供了胶底鞋，士兵就应该穿上它，否则就应该用袜子或麻布条来降低隐秘行动时靴子产生的噪声。

美国第83"俄亥俄"步兵师第331步兵团的士兵在法国圣马洛遭遇狙击手袭击。照片中的这些士兵一直靠街道右侧行进，现在他们正试图紧贴墙壁还击——这对使用右手射击的士兵来说很棘手。有一名士兵正在穿过街道，试图寻找一个更好的射击位置。请注意最右边的那名机枪手，他的腿上绑着一把军刀。（帝国战争博物馆EA 32725）

无论是不是在特殊的突击班中，士兵都要被分入"掩护组"或"搜索组"（搜索攻击组），并明确具体任务。因为要进入被敌人占领的空间有限的建筑物中作战，所以必须控制搜索组的人数，并按照预先制定的计划展开行动。通常情况下，这类小组可能由一个班长和四到六名士兵组成。其中，有一到两人会在其他人的掩护下首先行动，强行进入建筑物内。然后，其余人员会快速跟进，迅速就位，以防止敌人偷袭。

肃清房屋的方法有三种：从屋顶突入室内，自上而下逐房逐层实施清剿，直至地下室；通过爆破等方法在墙上打洞，然后进入一楼；通过门窗突入室内。在大多数情况下，第一种方法是最佳选择，因为敌军可能会决定撤离建筑物，并在撤离的过程中遭到掩护组的攻击。因为陷入绝境的敌军很可能会殊死抵抗，所以给他们留一条看似可行的"逃生路线"是很有用的策略。由上而下实施攻击时，进攻方还可以"得到重力的帮助"，因为他们可以通过楼梯口或破洞将手榴弹扔到楼下。如果房屋的地板是木质结构的，且楼下屋内的敌军难以清除，进攻方还可以使用另一个策略：先准备一张床垫，然后将几颗手榴弹放到地板上并拔掉保险栓，最后把床垫放到手榴弹上（可以使爆炸产生的能量直接作用在地板上），实施"向下爆破"。此外，进攻方还可以通过"向下爆破"的方式来分散楼下敌军的注意力或制造尘雾（暂时阻碍敌军视线），以配合其他友军行动。

如果条件不允许从屋顶突入室内，而只能选择从最底层进入房屋时，那么执行任务的士兵最好尽快上楼。如果无法做到这一点，他们就必须先占领楼下的房间，或者向上射击天花板，以转移楼上敌人的注意力。如果已确定某个房间内有敌军，最好的办法是先向房间内投掷手榴弹（可以通过窗户或墙壁上的孔洞向房间内投弹）：

进攻时必须至少两人同行，互相交替掩护。其中一人将手榴弹扔进房间内，另一人在手榴弹爆炸后立即突入房间，背靠墙站立，随时准备好射击，并在搜索屋内敌军的同时为战友提供掩护。在通过房门进入房间时，士兵应尽可能蹲下（因为防守人员瞄准的高度大多在人体的腰部位置），并跃至房门一侧。在墙壁上凿洞时，必须防范敌军的穿墙火力，并始终"用火力控制洞口"，以防敌军抢先投掷手榴弹。在通过窗户或房门向室内投掷手榴弹之前，要看清楚窗户或房门上是否有遮挡物（如绳网或铁丝网）。不要认为在房间中爆炸的手榴弹可以消灭所有敌人——敌人可能会在室内修建工事或掩体，以躲避手榴弹弹片的杀伤。在面对这样的情况时，应准备好另一颗手榴弹，然后将它扔到敌人的工事或掩体后面。

占领街道的关键战术包括选择掩体，以及尽量避免人员聚集。此外，将任何被敌人占领的房屋留在后方都会带来致命的后果。士兵应快速、谨慎地穿过街道，因为"在开阔地的任何拖延行为都相当于自杀"。士兵在移动时要紧贴墙壁，并注意绕过掩体而不是越过掩体进行射击。如有必要，士兵还应根据建筑物的布局，将"用右手射击改为用左手射击"。在战斗中，如果遇到不得不越过的屋顶和墙壁等障碍物，进攻方应以单兵为单位，逐一迅速翻越屋顶或墙壁——切忌站在上面，这会引起敌人的注意。进攻方应尽快靠前部署机枪等自动武器,迅速控制街道或开阔地。此外，进攻方务必要提防诡雷，但如果某栋建筑物目前是由敌人占据的，那么进攻方在其中碰到诡雷的可能性就会降低。

虽然野战手册 FM 31-50 非常具有指导意义，并有效吸收了德军的实战经验以供美国士兵所用，但它却无法改变"城镇战极度危险"的事实。此外，当时的美军也无法通过"足够多的训练来保证每个步兵都能成功吸取所有经验教训"。不过，我们需要注意的是，当时步兵和装甲部队的合作已变得越来越紧密。

"步坦协同"

在被称为"地狱之轮"的第 2 装甲师中，步兵和坦克通过火力掩护和机动相互支援已成为攻克被占领村庄的标准做法。在一个精心编排的进攻序列中，目标会先遭到炮兵和空中支援力量的打击。然后，一个坦克排负责提供火力支援，一个步坦协同小队从另一个方向进入村庄——这样一来，装甲部队的支援火力就不会被遮挡。

在第一次进入村庄时，步坦协同小队会开始实施"火力侦察"，对可疑的敌方阵地进行火力覆盖。如果敌军被成功压制，负责提供火力支援的装甲部队就会向前移动，并最终穿过村子，到达有利于应对敌方反击的阵地；如果敌军未被压制，负责提供火力支援的装甲部队就会在村庄周围机动，并从敌人意想不到的角度开火，为进入村庄的友军提供支援（每次会对一到两栋建筑物开火）。

美军甚至在坦克营手册 FM 17-33 中建议，在攻击建筑物密集地区时，最好先用装甲部队将其包围，然后再将少量坦克投入巷战，"对街头路障和有狙击手的房屋发射高爆弹，并迅速摧毁建筑物的尖顶、高大的烟囱和其他可能藏有炮兵观测员的地方"。坦克车组成员不得在没有被己方步兵占领的建筑物附近停留或缓慢行进，并且要警惕可能隐藏在临街房屋中的伪装掩体。

美军在战地手册 FM 100-5（1944 年 6 月发布）中提供了另一种有用的思路，即仅通过牵制性攻击来牵制敌方城镇驻军，同时利用"主要攻击"来孤立敌军，使其无法获得救援。如果该城镇驻军不投降，美军主力部队将发起攻击，但美军的机械化后备队会被留在后方，用于应对德军的反击。在面对同时考虑了进攻和防守方案的德军指挥官时，这不失为一种有效的对策。

亚琛争夺战期间，美国的步兵与装甲部队协同作战。距离我们最近的是一辆谢尔曼坦克，它的车身上堆满了各种装备，其中包括某个 BAR 射手的弹夹袋。这类坦克非常适合推开路障和碎石。注意那个卧倒的步兵，他在与狙击手交战时，利用坦克的推土铲作为掩体。巨大的砖石墙提醒我们，在城市中心进行的战斗中，"被用来设防的建筑物通常强度极高"。（帝国战争博物馆 HU 94981）

德国诺伊斯：一辆美国的谢尔曼坦克正在为第83步兵师的士兵提供近距离支援——从几十个被丢弃的炮弹包装筒来看，这辆坦克在进行长时间射击之后，重新补充了弹药。虽然坦克非常适合被用来破坏房屋，但它们也经常会被潜藏在废墟中的德国坦克猎杀小队用单兵反坦克武器袭击。从照片中可以看出，这辆坦克的车身上已经搭建起了一个名副其实的沙袋墙。这些沙袋被悬挂在由圆木、木桩与铁丝搭成的框架上，用于提前引爆德军用"铁拳"发射的榴弹，以及用"战车噩梦"发射的火箭弹。

值得一提的是，利用装甲力量发起突袭，也能取得很好的效果。这类行动通常会在夜间进行，其目的是打击敌方士气，并在造成人员伤亡的同时，了解该城镇或村庄的防御能力。由非裔美国人组成的第614坦克歼击营在这方面的表现就非常出色，这支部队的士兵常半开玩笑地称自己"勇敢的夜间行动"为"吟游表演"。D.H.福雷斯特（D.H.Forrester）军士和第103侦察连的七名士兵在法国罗斯巴赫（Rothbach）完成了一次日后被称赞为"完美突袭"的行动。这场在276发诱敌炮弹的"掩护"下发动的突袭行动，仅持续了17分钟的时间。在到达被选定为主要目标的房屋时，福雷斯特留下四名士兵负责提供掩护，然后和其他人一起以教科书般的进攻方式冲进房内。他用自己的冲锋枪扫射了第一个房间，消灭四个敌人，并俘虏了一人。这时，另外10名德国士兵从房屋的其他出口逃入雪地之中，但他们立即遭到了掩护小组的袭击。当参与突袭的士兵重新回到自己的防线时，德军已有18人伤亡、1人被俘，而美军仅1人受轻伤。

实践经验

在城镇中作战，士兵很容易出现严重失误。很多美国大兵都在法国布雷斯特接受了巷战的严峻考验——无论是在城市中心，还是在该城北方由地堡和火炮掩体组成的防御网中，德军的准备都很充分。美国人花了整整十天时间，才拿下这座城市。在这场"下士的战斗"中，一个连经常需要攻占一整个街区。美国第2"印第安头领"步兵师第23步兵团，面对的是驻守城市公墓的德军。德国人改造了墓地周围的建筑物，构筑了以碉堡为中心，以机枪阵地为支撑点的坚固防御体系。在德军的交叉火力和大理石碎片的干扰下，第23步兵团的正面攻击屡屡受挫。此后，该团绕过墓地，在周围的建筑物上"打鼠洞"，并利用坦克歼击车进行近距离射击，才最终打破僵局。

1944年10月，在夺取德国亚琛（Aachen）的战斗中，美国第1集团军以压倒性的力量对该城市发起了攻击。正如第26步兵团的丹尼尔（Daniel）中校在报告中所描述的那样："大致计划是先用火炮和迫击炮火力来隔离该地区……然后使用坦克、坦克歼击车和机枪直接射击，从而将守军困在地下室内。最后，利用刺刀和手榴弹发起近距离攻击。"但是，来自第246国民掷弹兵师的德国守军接到了严格的命令，准备顽抗到底。参与进攻的美军被迫将士兵分成多个突击队，并沿着街道逐个肃清建筑物。第26步兵团第2营的每个步兵连都获得了三辆坦克或坦克歼击车、两门牵引式反坦克炮、两个重机枪小组和一个火焰喷射器小组的加强，并在现有武器装备的基础上额外配备了两支火箭筒。此外，美军还调来155毫米自行火炮，对德军据点实施了炮击。为了让炮弹在穿透建筑物之后再爆炸，炮兵部队还使用了延时引信。在发布自由开火的指令前，美国指挥官违背了相关手册的规定，下令疏散所有平民。在步兵发起攻击后，每个突击队都得到了一辆坦克的掩护：

> 在步兵进入每一栋房屋之前，这些坦克都会先对房屋进行火力覆盖。然后，坦克又将炮口转向下一栋房屋。与此同时，营属轻机枪和重机枪也会进行扫射，将德

军赶入地下室。最后，步兵会在投出大量手榴弹后突入地下室。每当遇到负隅顽抗的敌人时，步兵们就需要使用其他武器了——包括炸药和火焰喷射器。士兵们不会被动等待敌军出现，而是会将每栋建筑物都假定为德军的防御支撑点。轻型火炮和迫击炮会逐一炮击步兵前方的每条街道，而部署在更远的后方的重型火炮则会猛烈轰击德军防线的纵深区域，以切断德军防御体系之间的联系。

1944年12月，荷兰芬洛（Venlo）：卸下背包轻装上阵的盟军士兵谨慎地将敌方狙击手从布莱里克（Blerick）郊区赶走。攻占布莱里克的盟军需要冒着敌军炮火，在一条反坦克壕上架起五道桥梁。到12月5日，这里所有的德军都被分割成了小股部队。一旦确定单个狙击手的位置，盟军就会在还击的同时，让清剿组从另一个方向发起进攻并将其消灭。

尽管采取了这样的战术，美军仍然有约500人伤亡——以东线战事的标准来看伤亡人数或许并不算多，可对于那些不习惯激烈巷战的人来说，这却是一个真正的打击。德国人的"留守小分队"和狙击手——前者会躲在地下室和雨水沟里，从后方攻击美国士兵——给美军造成了大量伤亡。在抓获了一批俘虏后，美军才发现有些德军士兵竟然是希特勒青年团的成员，其中甚至有年仅十岁的儿童。

1945年年初，在法国阿尔萨斯（Alsace）的席勒斯多夫（Schillersdorf）镇附近，第103"仙人掌"师的士兵真正见识了城镇战的混乱程度。在到达该镇之前，第103师师部就曾遭到过敌人的骚扰——穿着美军制服的德军潜伏在雪地里，在夜里大声叫骂。美军占领席勒斯多夫镇后不久，德军就对第410步兵团发起反击，并赶走了他们。造成这一结果的部分原因是负责掩护十字路口的关键武器——一挺机枪——被冻住了。有几名美军士兵试图在德军后方继续深入，此时他们并没有意识到自己正在被一个营的敌人攻击。来自得克萨斯州的一等兵M.L.雅各布斯射杀了一名德国士兵，然后试图穿过一个院子逃跑，但当他准备打开院门时，却发现一名德国士兵正在拉另一边的门把手。雅各布斯只能跑回院子，躲在一辆马车下。后来，他和另外两名士兵在一个谷仓的阁楼里躲了两天，而守卫该村的其余美军则四散奔逃。第二天，在坦克和火炮的支援下，美军的两个营重新占领了席勒斯多夫镇。

德国，1945 年

德军

美国陆军部在 1945 年 3 月出版了一本《德国军事力量手册》(Handbook on German Military Forces)，用专门的章节对德军在城镇中和街道上作战的方法进行了总结。我们可以从该手册中了解"当盟军突破第三帝国边境后，德军所采用的战术"。我们对其中许多作战条令并不陌生，比如：在构筑主要防线时，应选择建筑物密集的城区，避开易受攻击的外围地带；分布在主防线之外的诸多支撑点也具有较大的战略价值，可以有效分散盟军的进攻兵力；城镇内外的装甲部队应严阵以待，随时准备发起反击（不过，此时德国国防军的实力已严重不足，难免左支右绌）；将武器隐藏在侧翼阵地，直到出现有足够价值的目标时，才突然开火。德军在 1945 年年初所采用的战术，"远比战争之初全面"。

在村庄据点，德军通常会指派一名战斗指挥官，他的委任状要求"其统辖范围内的所有军队、应急部队和民间组织都听命于他"。此外，他还会负责整顿军纪，其权力相当于团长。德国人认为，任命这样一位战斗指挥官，可以简化国防军、党卫军、防空部门和所有临时编队之间的重叠职责，从而确保防御战中的各种战术能顺利实施。

在小村庄中，通常强化一下居民点就足够了，但对于较大的村庄和城镇来说，防御方必须构筑密集的多层同心环形阵地，使其在面对具有压倒性优势的进攻方时能够节节抵抗。对于本身就拥有密集建筑物的城区而言，防御方需要构筑外围阵地、中间地带阵地，以及最终的核心阵地。外围防御体系通常是由"一个或多个连续的战壕系统组成"的，而"每个战壕系统都对应着一个拥有足够纵深的主战区"。而且，这套外围防御体系通常会延伸到城镇郊区以外。另外，德军还会在防线后方部署火炮和其他重型支援武器，以便随时为这些野战工事提供火力支援。通常情况下，德军会将火炮分散部署在阵地上，以此来防御据点或对道路进行火力覆盖。德军可能还会在重要的建筑物密集区之外，构筑一系列同心环形防线，这些防线距离城区 6—10 千米——这迫使盟军炮兵需要不断移动位置，才能攻击到德军。在一些主要城镇，德军可能会将最外围的防线部署在城镇郊区外约 30 千米远的地方——在距其 1—2 千米处，也许还会有一些前沿阵地。

当盟军逼近的时候，德军还会派出巡逻队——负责侦察敌情，并伏击盟军。巡逻范围的边界不会与主要道路重合，以避免任何可能遭到盟军渗透的地方在不经意间被忽略，而重要的敌军接近路线属于营级或连级部队的"明确防御区域"。

在德军看来，对于城镇内的防御部队来说，坦克并不是特别有用——它们通常被置于"十字路口和在广场上挖掘的静态阵地内"。此外，德军还会把突击炮和坦克部署在建筑物内，以便支援反击作战——在这种情况下，德国人会指派一定数量的步兵为坦克提供贴身保护。德军通常会把配有单兵反坦克兵器的士兵，部署在城镇外围的散兵坑中。如果需要在建筑物密集区使用单兵反坦克兵器，德国人认为最好从位于侧翼的凹坑中、树篱或墙壁后面开火。"铁拳"或"战车噩梦"之类的反坦克兵器都不适合在封闭的空间内使用，因为它们"强大的尾焰可能会灼伤发射人员"。此外，德军还会尽全力摧毁城镇内外被弃置的盟军装甲战车，以防止它们被敌人回收。除了个别建筑物会有特定的安排外，对于大多数建筑物而言，有些措施是可以通用的：

无论是有人居住还是无人居住的建筑物里，都要设置陷阱……封堵建筑物的入口，打开所有的窗户，以避免暴露那些暗藏有火力点的窗户。房间内应保持昏暗状态，房屋之间的墙壁上应凿出通道。为了避免被敌人发现,(士兵)需要从房间中央射击，并经常改变射击位置，同时保持地窖和屋顶之间的通信畅通。设置比较低矮的机枪火力点（可以将机枪部署在地下室），以获得较好的射击角度。屋顶上的作战人员可以用烟囱和飞檐作为掩护，并移除部分瓦片，打造射击孔。安装探照灯，以照亮射界。在没有探照灯的情况下，就用车辆的前灯代替。当房屋倒塌时，就在地窖里继续展开防御，并用遭毁坏区域的瓦砾堆来构筑火力支撑点的掩体。

根据早已确立的作战准则，穿过建筑物密集区发起进攻的德军通常会分为多路纵队，他们会沿着适当的轴线平行前进，从而将城区分割成一些面积更小的区域。这些纵队会被分为"突击小组"和"扫荡小组"。突击小组的成员会集中携带爆破装置和火焰喷射器等工兵装备。如果可能的话，他们在前进时不会沿着街道移动，而是会穿过花园或墙上被炸开的洞。并且，最好能有部署在高层建筑物上的其他部队提供掩护。如果被迫沿着街道前行的话，德国人通常会排成两列（分别位于街道的左右两侧）。其中，从街道左侧推进是首选方案，因为这样更有利于从墙角处用右手射击。考虑到"守军不仅分布在不同纵深，还分布在不同高度"，因此一些领受了特殊任务的士兵会负责监视房间、建筑物的各个楼层和地窖窗户。主街道外的胡同和小巷也均会被德军封锁。夜间，探照灯会不停照亮屋顶。一旦占领了某座建筑物，德国人就会立即将其改造成一个据点。房屋上的窗户和其他开口，会被德国人用作射击孔。在组织防御时，德国人喜欢在地窖里和阁楼上设置火力点。

盟军

尽管德军的防守战术很有效，但从1943年起，胜利的天平还是向有利于盟军的方向倾斜了——盟军方面拥有绝对的兵力优势。在此期间，盟军的火炮和空中支

1945年3月，德国科隆市。照片中的这些美军士兵显然很放松，他们正沿着被炸弹炸毁的街道慢悠悠地前进。但是，该排的大部分成员都分散在道路的两侧，某栋建筑物的门口（照片左侧）还站有一名警戒人员。

1945年3月,德国克文海姆市:这些隶属于第3步兵师皇家诺福克团第2营的士兵,展示了在战斗中穿过街道的正确方法——以分散队形迅速跑向街对面。这张照片抓拍到了正在急速奔跑的三名士兵。实际上,在任何时候,一个小队中都只会有一名士兵是完全暴露在道路上的。

援发挥了巨大作用,但同样重要的是,盟军步兵现在已经学会了"通过采用复杂的战术,来克制德军'充满智慧'的城市防御体系"。在巷战中,接受了"城市战斗技巧"训练的士兵无疑占有很大的优势。

1945年,英军在《建筑物密集区的战斗》中列出了15条简单的"应做和不应做的事项"。其中,"提前思考"和"解读建筑物"是至关重要的技能。下级指挥官要做好应对紧急情况的心理准备,并从敌人的角度出发,对不同的建筑物结构加以考量,想象敌人可能会据守建筑物的哪些部分。此外,他们还应运用常识来选择建筑物中的理想位置,例如不要将射手和观察员置于同一个房间里——射击产生的噪

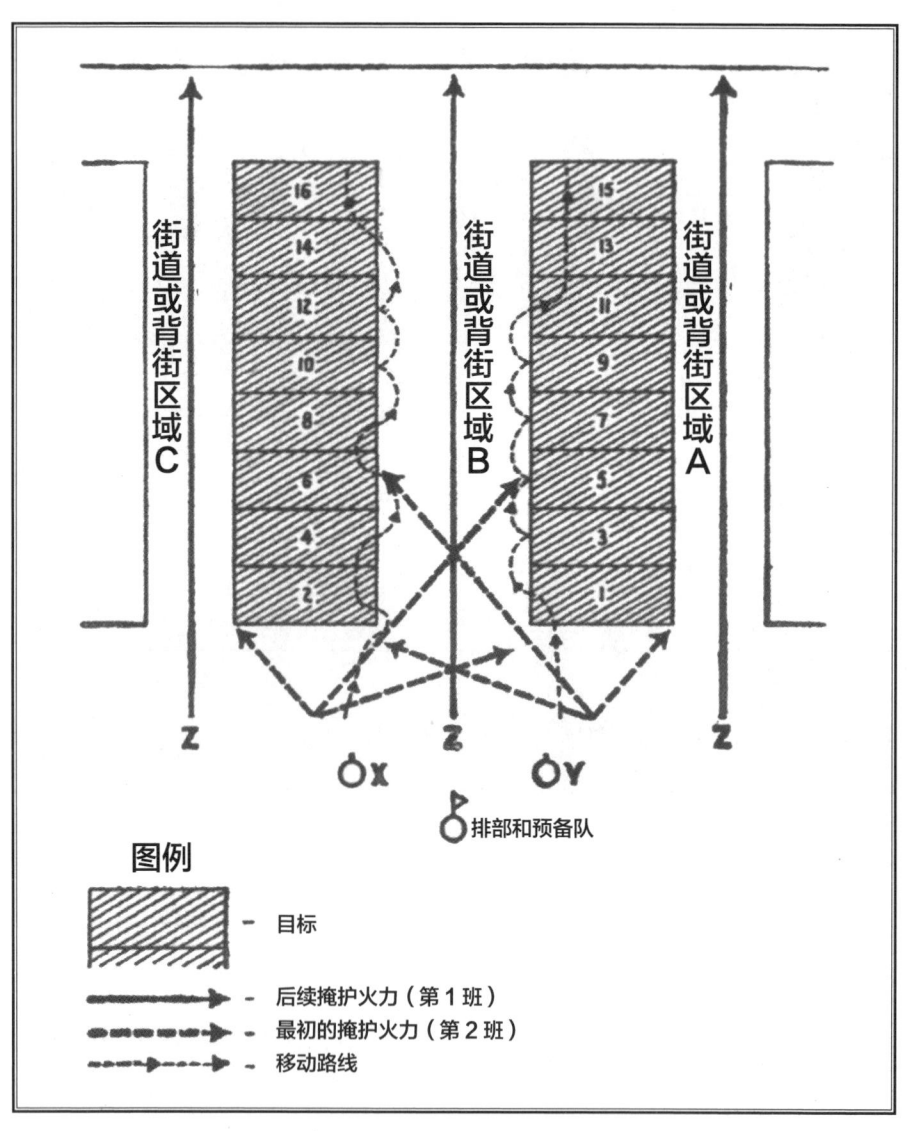

肃清两排被占领的房屋的排级战斗规程，摘自英国作战手册——《建筑物密集区的战斗》。进攻方的目标是位于中心位置的"街道或背街区域 B"，也就是说，该规程既适用于从街道正面突入沿街房屋并肃清守敌，也适用于从房屋背面的后院或花园突入。整个战斗过程中，第 1 班（Z）的布伦轻机枪和步枪在排部的 2 英寸迫击炮和 PIAT 的支援下，始终沿街道 A、B 和 C 进行火力封锁。第 2 班和第 3 班（X 和 Y）系统地肃清街道 B 的守敌。一开始，每个清剿组都由本班的轻机枪组来提供火力掩护。接下来，每肃清一座房屋，轻机枪组就会跟随清剿组进入其中，然后以火力覆盖街对面的下一座房屋。而另一个班的士兵在看到轻机枪组到位的信号后，就会进入对面的房屋实施清剿。就这样，两个班的清剿组和轻机枪组相互掩护，沿着街道有条不紊地前进。排部会逐步跟进，并始终掌握一支用于应急的小预备队。有时，进攻方会派一些士兵从侧翼迂回，在远端建立伏击阵地，截击撤退的敌人。

这是一张著名的照片，它展示了在阿纳姆战斗期间，英国空降兵在一个建筑物比较密集的郊区，占据了一个经过改造的弹坑。伞兵连非常适合进行城市战，其编制内的自动武器的比例高于一般部队。一个典型的九人班包括一名负责指挥的中士，以及至少一名下士或一等兵，他们的武器装备包括两支司登冲锋枪（不过这张照片中的下士更青睐有效射程较远的步枪）、一支布伦轻机枪、六支步枪（其中一支在狙击手手中）和各种手榴弹（比如反坦克手榴弹）。

声会干扰观察员的听觉，妨碍观察员"用耳朵来感知战场"。同样，下级指挥官还要尽量避免在作战行动中"喋喋不休"——在正确的时间发出正确的指令即可，否则只会使本方士兵感到不安，并有可能"向敌人提供很多信息"。另外，下级指挥官要善于利用战场上的环境和烟尘。《建筑物密集区的战斗》指出：应大量使用烟幕弹，不要吝啬，因为"太淡的烟幕几乎毫无用处"；应善于利用室内的家具和装饰品（如桌子、床垫和其他物品），一定要去除室内的泥灰并打湿地面，以防止产生令人窒息的"灰尘团"；士兵必须克服人类天生的"不喜欢破坏一个地方"的心理，使用一切物品和手段来击败敌人。

士兵在机动时，应该注意频繁变换阵地，并且最好采用爬行或"慢慢蠕动"的方式，切记始终保持尽可能低的姿势。在射击位或观察位移动时，士兵必须尽量放缓动作——快速移动会引起敌人注意。在爬过墙壁或地面隆起部分时，士兵最好脸部朝下，并尽可能让身体保持水平。在经过拐角处时，士兵应该贴地观察拐角后面。在穿过街道或爬楼梯时，任何分散注意力的行为（例如扔东西）都可以争取零点几秒的时间。

　　最有经验的士兵往往会"等到有利的时机出现"才扣动扳机，使对手"陷入火网，而不是仅仅将其驱离"。在射击敌方的射击孔时，实现精准射击至关重要——一次小心瞄准的单发射击或短促的点射胜过两三次仓促射击。不过，这种规则在有些情况下并不适用，比如在使用勃朗宁机枪对藏身于墙壁后、地板下或天花板上的敌人进行穿墙射击，以及对移动中的敌人进行快速火力覆盖时。

1945年2月，巴尔市：美国化学迫击炮营的一门4.2英寸迫击炮。这张照片抓拍到了迫击炮开火的瞬间——当时，它正被用于支援步兵肃清城镇。这门迫击炮的底部垫有一块木板和一堆沙袋，以防止巨大的后坐力使炮身移动或使座钣陷入松软的地面。虽然4.2英寸迫击炮原本的主要任务是释放烟幕——因此装备了它的部队的番号里才会带有"化学"一词——但它能够以高抛弹道发射大口径炮弹，很适合在建筑物密集区使用。（美国通信兵部队）

1945年2月21日，德国戈赫（Goch）：在肃清工厂内的狙击手的过程中，一名英国士兵[后来经过确认，他是来自盖茨黑德（Gateshead）的 J. 韦尔奇（J.Welch）中士]展现了出色的巷战技巧。这名士官没有站起来从窗口向外射击，而是保持较低的姿势，通过墙下面的一个破洞进行瞄准。在那个位置上，他的恩菲尔德步枪的部分轮廓被隐藏在了砖石和家具的碎片中。在戈赫，英国火焰喷射器射手和装甲部队成功支援了第51（高地）师的进攻。

火焰喷射器

进攻性火焰喷射器战术（这曾经是德军最擅长的战术），如今已成为盟军城市作战战术的关键组成部分。1944年，美国的便携式火焰喷射器开始同时使用"稀薄"燃料和新型"增稠"燃料（如凝固汽油剂）。新型"增稠"燃料增加了火焰喷射器的有效射程，并能够使燃烧的燃料附着在目标和防御工事的射击孔上。火焰喷射器射手学会了一边迂回接近目标，一边寻找掩体来隐藏他们背后庞大的燃料箱，并利用液体燃料在命中目标时会四处流动和"转弯"的特性，将燃烧的火焰从守军无法还击的孔洞中喷入。通常情况下，在步兵发起攻击或放置炸药前的一刻，对着敌人喷射一波火焰是"不错的前奏"——火焰喷射器喷出的火焰不仅能烧伤敌军，还会导致其窒息。而且，火焰冒出的浓烟也会熏得敌军睁不开眼。很多时候，在火焰喷射器"发出第一声怒吼"之后，敌军就会被吓得肝胆俱裂，直接投降。

英军的喷火坦克在操作手保护、燃料储量、火焰喷射持续时间和射程方面都有相当大的优势，比如丘吉尔"鳄鱼"喷火坦克的最大射程超过了91米。二战结束时，《火焰喷射器的战术讨论》（*Tactical Handling of Flame-Throwers*，1945年发布）总结了火焰喷射器的使用经验。该书认为，在"压制"敌军射击阵地方面，火焰喷射器拥有独一无二的巨大价值：当敌人察觉到该地区有火焰喷射器时，他们会因为害怕成为攻击目标而分心；如果对敌方目标喷射火焰，敌人至少会被烟雾遮蔽视野，还会在目标着火时被迫放弃阵地；当一个人身上有一团燃烧的燃料时，他就会完全失去思考能力。

有限的燃料容量是火焰喷射器的一个缺陷，但英军通过"在进攻接敌时努力节约燃料"和"规模化使用火焰喷射器"的方式，将该缺陷带来的影响最小化。此外，还可以先用未点燃的燃料喷射目标，再用火焰喷射器点燃这些燃料，以增强攻击效果。

在城镇和村庄，要像对付地堡那样来对付设防的建筑物——木制建筑物或木结构建筑物自然是"喷火攻击"的绝佳目标。在实施喷火攻击时，使用火焰喷射器的部队需要坦克或步兵提供火力支援。最好将火焰喷射器射手与其他兵种混编——后者可为前者提供掩护火力（使其能前进到喷火位置），并为其指示目标。在某些情况下，其他士兵还可以使用发烟手榴弹来施放烟幕，为火焰喷射器射手提供掩护。通常情况下，这样的攻击队伍会由步兵营营长组建，并充当预备队。这种攻击队伍的部署位置会非常靠近前沿地带，以便根据高级步兵军官制定的计划"在行动时配属给步兵连使用"。为了达到足够的火力密度，喷火坦克最少以半个喷火坦克连（拥有6辆喷火坦克）为一个单位来使用，车载火焰喷射器和单兵火焰喷射器最少以"三具喷火装备"为一个单位来使用。此外，还应组建一支预备队或实施第二波攻击的部队——用于补充兵员或扩大战果。一般来说，攻击正面越宽、使用的火焰喷射器的数量越多，作战行动获得成功的可能性就越大，因为增加火焰喷射器的数量能够沉重打击敌军士气。

结　　论

在1939年，欧洲各国和美国的军队普遍认为巷战不仅令人讨厌，而且代价高昂，在战略上也没有太大价值。德国人在城镇战术方面处于领先地位（至少在理论上是如此），他们认识到，只要有必要，就应在巷战中投入类似于攻击筑垒要塞时所使用的多兵种集群。英军的相关概念比较粗略，不过，其将建筑物作为据点，以及在防御准备阶段善加使用工兵单位的做法，都与德军的做法类似。完善的巷战方案在1940年尚未成型，而美军的巷战准备甚至还不如英军。

1945年4月中旬，德国不来梅市，第3步兵师下辖的南兰开夏团（South Lancashire Regt）第1营的官兵在清剿工厂地区时，展示了教科书般的战斗技巧（盟军经过了9天的激战才最终占领这座城市）。他们爬上屋顶，然后从顶部进入建筑物，并自上而下地肃清建筑物内的每一个角落。最前方的下级士官手持一支司登冲锋枪，他后面跟着一个布伦轻机枪（这种轻机枪非常适合规模较小的部队携带，可在高处提供火力掩护）小组。

另一张摄于不来梅街道清扫战期间（1945年4月17日至26日）的照片。我们可以从这张照片中看到，一名来自第52（低地）师的布伦轻机枪手正在建筑物的残骸间射击。在他的右侧有一个尚未被炸毁的混凝土建筑物——这是德国的一个防空哨所。

德国在1939—1940年取得的一系列胜利给盟军敲响了警钟，而到这时还鲜有巷战发生。事实上，当时的英国国民军——直到今天，还有许多无知的人鄙视这支部队，称其为"老头军"——一直走在新型巷战战术的研发前沿。这支部队的士兵受西班牙内战中许多战例的启发，认识到他们的作用很可能是"以自己的牺牲，来争取拖延和迟滞敌方的行动"。

直到德军入侵苏联之后，巷战才变得司空见惯起来。德军装甲部队的快速突进势头被苏军遏制，战争开始逐渐转变为更为传统的"相互撕咬"模式，而巷战也随之成为步兵作战的"主要内容"。苏联早期的一些城市保卫作战行动非常失败，最终往往是以城区内的大小居民点被德国步兵与工兵联合作战小队一一包抄或占领而告终。1942—1943年间，当身处漫长补给线末端的国防军变得越来越疲惫时，希特勒也越来越痴迷于占领那些具有象征意义的领土，这使德军陷入了攻防套路固定的城镇战之中，而斯大林格勒战役就是最好的例证。苏联红军在斯大林格勒展示了自己所学到的战争知识，以最残酷的方式展开巷战，在很多时候都能与德军保持均势。

此时，西方盟国的士兵只能间接吸收一些新的巷战思想，但随着对意大利本土发起进攻，他们的学习速度明显加快了。英国、美国、加拿大、新西兰、印度和波兰的军队都参与了一系列的作战行动。这些行动不仅展示了巷战战术的价值，还证明了飞机、火炮和装甲部队都迫切需要与步兵协调行动：其中一项成果便是英国在1943年出版的具有里程碑意义的《建筑物密集区的战斗》；另一项成果是美国的FM 31-50，该手册在一定程度上借鉴了德国的战术模型。

正如许多其他战术一样，美国陆军在巷战中新采用的一些有效方法，显然融合了美军和德军的作战理论。美国陆军不仅照搬了德军作战手册中的大段内容，还广泛传播了在战场上从敌人那里学来的实战经验，例如通过美国第1集团军的《战争经验》（*Battle Experiences*）系列书籍、美国陆军部的《信息》（*Information*）公报和《战斗课程》（*Combat Lessons*）等出版物进行传播。英军也采用了与美军类似的模式，并从1940—1942年英国国民军的相关文献和《教官野战技能和战斗训练手册》中吸取了经验。

1944年12月，阿登攻势失败后，由于严重缺乏燃料，以及本已接近山穷水尽的地步的德国空军几乎全军尽没，德军在地面上的机动作战能力急剧下降。在这种情况下，对德国人而言，固定防御工事（尤其是以城镇为基础建立的防御体系）就变得尤为重要了。为瓦解德军的防御，盟军投入了火炮、空中力量和装甲部队，但想要获得最终的胜利，仍取决于"步兵是否愿意继续参与巷战"。在德国内部，西方盟军的迅速逼近让许多人认为应该投降了。然而，战至最后一兵一卒是德国官方下达的死命令，以至于一些无关紧要的村庄里的居民在尝试投降后遭到了纳粹党的残忍报复。而在东线，出于显而易见的原因，德军进行殊死抵抗仍是常态。

巷战，从来都属于"脏活累活"。时至今日，一些国家的正规军（哪怕是拥有相当丰富的巷战经验的正规军），仍旧对这种战争方式唯恐避之不及。

胜利：1945年4月，德国克利夫市，一名英军士兵（全身挂满多余个人装备的他，看上去就像是个胡乱捆扎的包裹）在赫尔佐格大街上用枪挑落一面纳粹旗帜！

1945年年初，两名携带火焰喷射器的苏联红军战斗工兵正俯身穿过一排德国房屋后面的花园。他们背着最新型的ROKS-3火焰喷射器，这种武器重达23.5千克，有一个10.4升的大型燃料罐（旁边有一个装着压缩空气推进剂的小型气瓶）。该武器注油管的末端还有一个外形很像步枪的喷射管（在这张照片中看不到），这是沿袭自ROKS-2的设计。ROKS-3和ROKS-2的喷嘴处的弹鼓中都装有10发用于点火的空包弹。据称，ROKS-3携带的燃料足够进行10次喷射（每次喷射时间为5秒），但在使用普通燃料时其射程仅为15米。（私人收藏）

1944年9月，"市场花园"行动：一名手握恩菲尔德左轮手枪的英国军官。《建筑物密集区的战斗》指出，"在老兵手中，手枪是一种非常有用的武器，很适合近距离战斗，例如在搜查房屋时；在新兵手中，这种武器即使不会真正危及战友，也有可能造成一些混乱"。如果照片中的这名军官身处战场，那么他就犯了一个很基础的战术错误：他离窗户太近了，如果从室外观察，他的身影很可能会在一个显眼的光圈中间被映衬得清清楚楚。

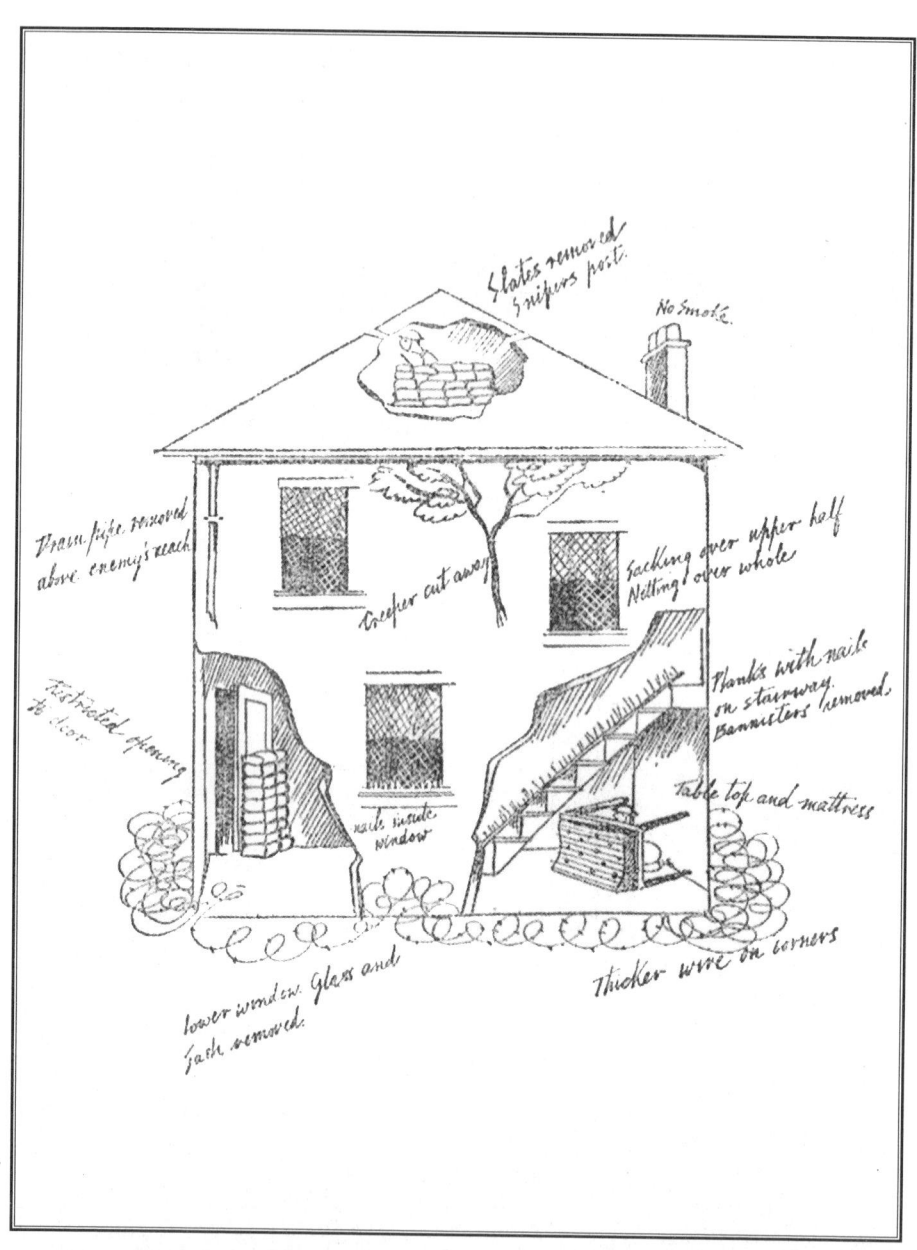

如何准备屋内防御，这张手绘图摘自英国《教官野战技能和战斗训练手册》。相关准备工作包括：在阁楼上设立一个堆有沙袋的狙击手掩体；在窗户上安装铁丝网，以防止敌人将手榴弹扔进来；在窗户上半部分的内侧挂上帘子，以遮挡敌人的视线；扯掉墙上的排水管和藤蔓植物，以防止敌人攀爬墙壁；用钉满钉子的木板盖住楼梯，并拆掉楼梯两旁的扶手；用家具和床垫搭建墙角掩体，并将其放在楼梯下；用沙袋（也可以使用填充了泥土的柜子）挡住部分房门；在屋外铺设铁丝网。

穿过阁楼发起攻击

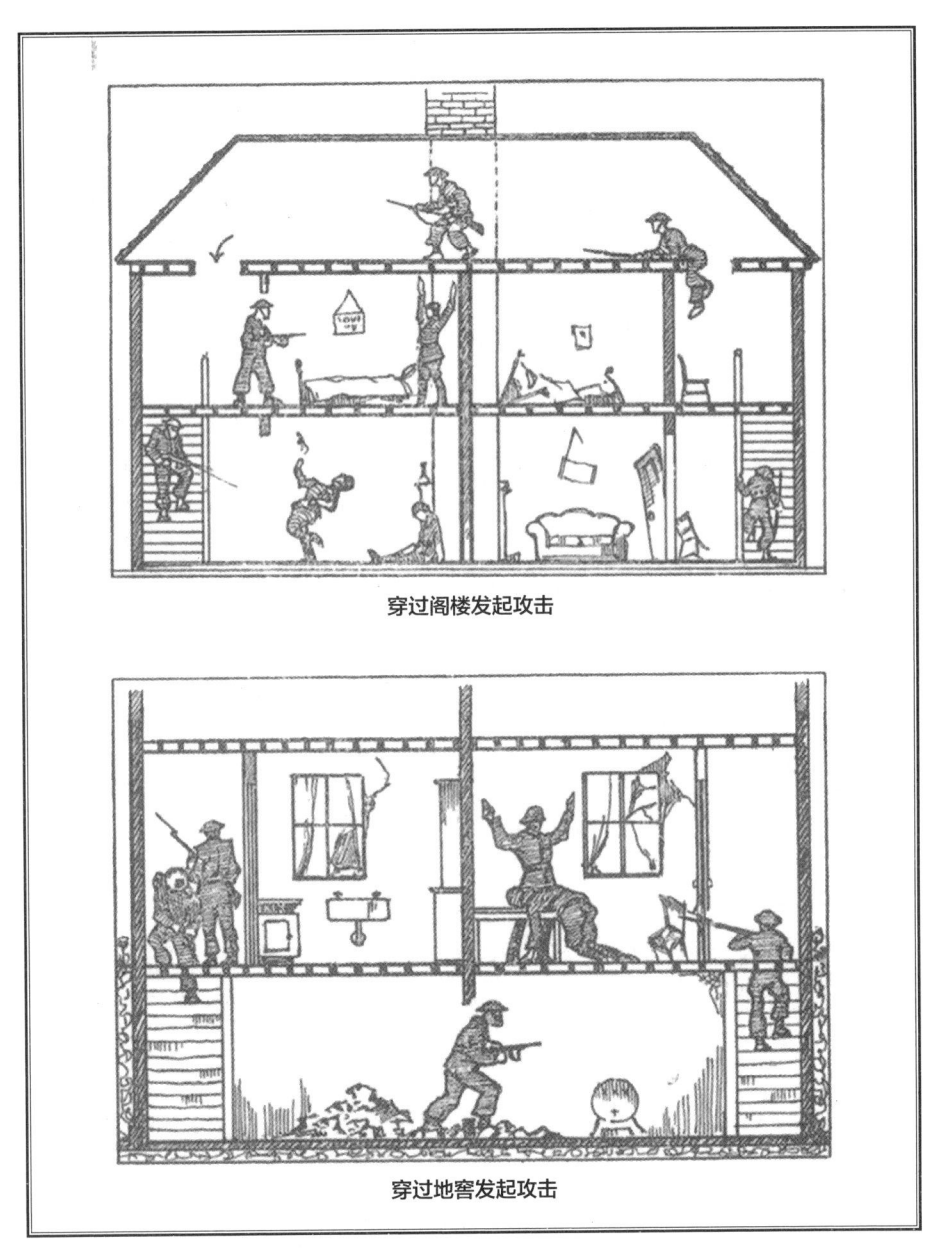

穿过地窖发起攻击

从上方或下方肃清一排房屋，摘自英国作战手册《巷战》。在上面的图片中，进攻方先进入位于右侧的房屋的一楼，然后爬上阁楼——在20世纪40年代，联排房屋的阁楼通常是相通的，因此这些士兵可以穿过阁楼进入旁边的房屋，然后往下移动。在下面的图片中，进攻方像钻鼠洞一样，从毗邻的地窖中摸进房屋，然后向上移动。

89

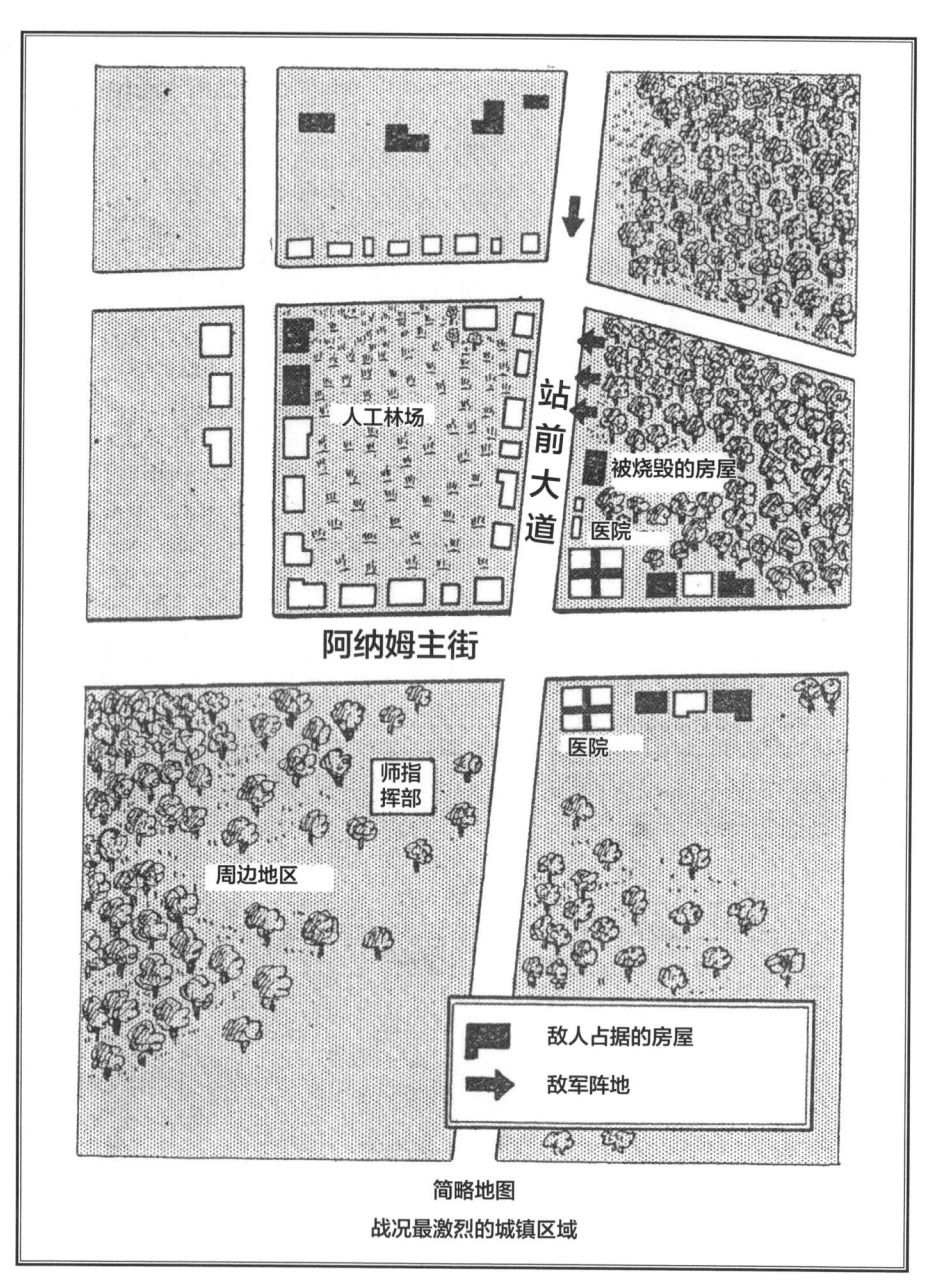

《滑翔机飞行员日记》(Diary of a Glider Pilot，1945年发布)中的一张平面图，该图展示了奥斯特贝克(位于阿纳姆郊区)星罗棋布的独栋别墅，以及德国人是如何成功渗透进个别房屋(黑色)的。最终，相邻的几座建筑分别被敌对双方控制。在带有独栋别墅和大型花园的"中产阶级郊区"作战需要混合使用"巷战"技巧和传统野战技巧。

这是野战手册 FM 31-50 中的一幅插图，它描绘了所谓的"墙角掩体"。屋内的德国士兵很清楚敌人一定会先丢手榴弹进来，因此他们有时候会用家具和床垫来搭建掩体——躲在后面，就有可能在第一枚手榴弹的爆炸中幸存下来，然后射击任何在爆炸之后进门的人。对此，美军推荐的应对措施是：在投掷了第一枚手榴弹后，再投掷一枚手榴弹（将其扔到任何可能堆满家具的角落）。

1944 年 8 月，解放巴黎前夕，街上的法国内地军（法国游击队）非正规军士兵。法国的抵抗势力在巴黎的部分地区与德军展开了激烈的巷战。8 月 19 日至 24 日期间，约有 1500 名巴黎人死亡。照片中的这名姑娘，端着一把 MP40 冲锋枪。（帝国战争博物馆 AP 35764）

✣ 英国国民军的"要点设防"，英国兰开夏郡亚罗桥，1941年

本图严格按照被兰开夏郡博物馆收藏的一个国民军防御计划复原，该计划由东兰开夏国民军第12（莱兰）营A连第4排负责执行，任务是协助保卫乔利镇郊外具有重要价值的莱兰汽车厂。这个"要点设防"方案既具有一定的独特性，也具有与其他数百种同类方案相同的特征。

图中关键的地形特征是贯穿整个地区的博尔顿路，该路在亚罗桥前有一个交叉路口，而穿过植被繁茂的亚罗河谷，再往西北前进就可以抵达汽车厂——守住亚罗桥将使进攻方难以迅速攻击汽车厂。请注意，第4排几乎一半的人都被部署到了前方，以控制位于交叉路口附近的阵地，这里距离战壕和坑洼处的阵地很近。第4排剩余的人负责充当后备部队或打击部队。该方案的另一个关键点是对建筑物的巧妙利用，其中包括不要被动死守任何一座孤立的房屋（那将成为吸引敌人火力的"磁铁"）。建筑物和空地之间是架设可移动防御设施的地方，而打击部队则坐镇后方，可随时对敌人发起反击。A连的其他排会同时控制住位于东部铁路路堤处和西部凯尔村舍处的防御阵地。防守方的最后一道防线可能会设置在汽车厂厂区或是城镇中心地带。整个方案的目标，是争取足够多的时间。

有趣的是，在原来的计划中，地方防卫志愿军（国民军的前身）一个营的兵力为1500多人，后来被合理优化到了1000人。我们可以在图中看到一个排（一个红点代表一个人）的兵力不少于57人，其中包括2名军官、2名中士，以及11名下士和一等兵。第4排所配备的轻武器除了P17步枪外，至少还包括一支汤普森冲锋枪，以及数量不等的手榴弹和简易燃烧弹。此外，该排还拥有一挺中型机枪、一门杆式迫击炮和一台诺索弗抛射器。

卡灵顿（Carrington）中尉正与艾奇（Edge）、斯科尔斯（Scholes）中士和内勒（Naylor）下士正在桥上（RB）设置路障。马斯登（Marsden）下士和另外五个人在亚罗桥旁的战壕里（C），这处战壕既可控制东边的河畔和公路，也可控制南边的米尔丛林和堤岸；霍夫（Hough）下士和另外五个人控制着黑溪上

的第二座桥（B）。最好的支援武器——中型机枪（D）和杆式迫击炮（E）都被部署在较远的预备阵地里，其火力不仅可以覆盖路障后面的博尔顿路，还可以掩护守军的侧翼。在一定距离之外，还有位于铁路路堤和其他位置的火力点可为亚罗桥附近的守军提供火力支援。

排长汉森（Hanson）中尉在亚罗之家（A）与他的排部成员[包括普雷斯科特（Prescott）下士在内的五名士兵]待在一起——其中，西蒙（Simm）兄弟可利用自行车和摩托车在排部和前方部队之间提供短途通信服务。一等兵费什维克（Fishwick）负责带领一支五人急救队，另有两人驾驶一辆民用卡车作为运输工具。一等兵李（Lee）和两名列兵在操作诺索弗抛射器。最后，是列兵哈格里夫（Hargreaves）和拉塞尔（Russell），他们是战场卫生员。一等兵金（King）带领的10人"战斗班"（后备班），随时准备面对任何可能出现的新威胁。

所有前沿部队都拥有已准备好的备用阵地（B1、C1、D1和E1），如果受到攻击或需要调节火力打击范围，他们就可以移动到这些备用阵地处。如果无法继续坚守亚罗之家，或者需要撤退到更靠近汽车厂的位置，网球俱乐部（A1）就将成为新的排部所在地。在这里，第4排可以在工厂建筑物群外的房屋到哈利韦尔农场之间构筑新的阵地——在哈利韦尔农场设防可控制从铁路路堤下穿过的隧道。

放大图1：部署在亚罗之家的半个排。自上而下依次为排部人员和通信兵、急救队、配备诺索弗抛射器的"战斗班"、运输组和战场卫生员。

放大图2：绰号"黑火炮"的杆式迫击炮被固定在一个混凝土基座上。当然，它也可以安装在十字架形基座上。这种武器既可以发射带尾翼的反坦克炮弹（约9千克重，有效射程约91米），也可以发射人员杀伤弹（有效射程约457米）。这种武器的自重约159千克，需要5—6个人才能移动。

放大图3：美国提供的M1917式水冷机枪。此外，还有一名步枪手藏在有着"狐狸洞"之称的狭小散兵坑里，这种散兵坑外通常覆盖着良好的伪装物。

放大图4：这个狭长的战壕中驻守了一个班的士兵。国民军士兵的平均年龄为 30 岁，其中一部分人是未到征兵年龄却热衷于为国尽忠的少年，一部分人是 40—55 岁的中年人（其中许多人曾参加过一战）。教官们告诉士兵，在本土战场上并不存在一定要坚守到最后的"前线"，他们必须灵活机动，并"以全局性防御的高度来考虑问题"。

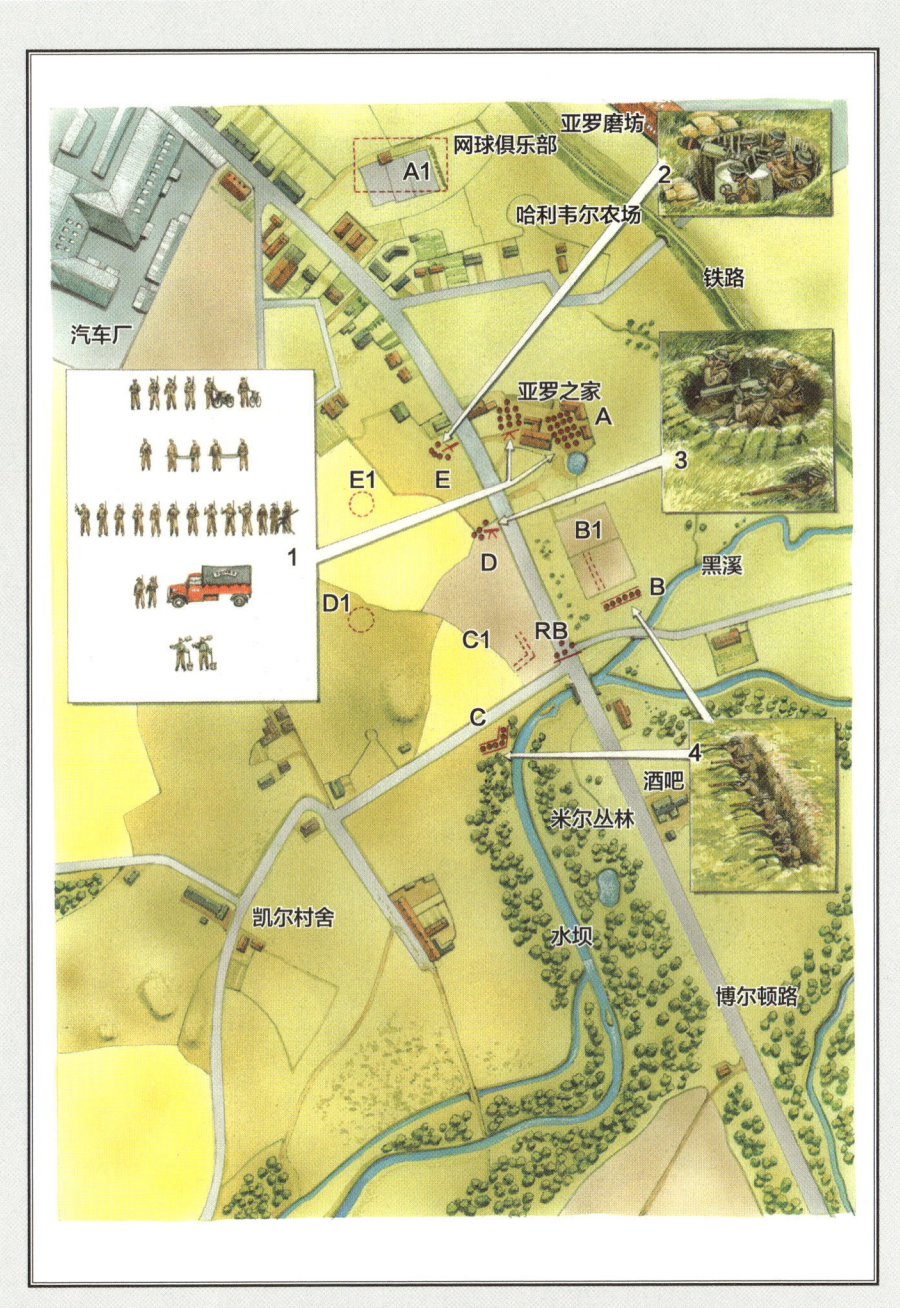

英国国民军的"要点设防",英国兰开夏郡亚罗桥,1941年(英国)。

1. 英国国民军狙击手，1942 年
2. 波兰家乡军古尔特营的士兵，1944 年 8 月，华沙
3. 加拿大第 3 师的火焰喷射器射手，诺曼底，1944 年 6 月

巷战士兵。

巷战士兵

1. 英国国民军狙击手，1942年

这种城市伪装外罩和头罩在设计上借鉴了《国民军野战技巧手册》（1942年版）中的插图和完整说明。约翰·兰登-戴维斯少校透露，当时英军正规部队的士兵也使用了同样的服装。图中的伪装外罩和头罩是由粗麻布裁剪而成的，前者的样式类似古代骑士的无袖罩袍。伪装外罩的两侧缝有不规则的下摆——有助于模糊人体轮廓，干扰敌人的视觉。这款头罩用狭长的观察孔（被未剪断的线头遮挡了一部分），取代了较为显眼的眼洞。伪装外罩的胸部位置有一条斜开的口子，可方便狙击手取用战斗服口袋内的狙击步枪子弹。图中这种服装上的伪装图案是《国民军野战技巧手册》所展示的几种设计中的第三种。在进行城镇战时，《国民军野战技巧手册》的作者推荐的伪装方案是：在天然的粗麻布上画上暗棕色的尖角木料或砖块图案。

2. 波兰家乡军古尔特营的士兵，1944年8月，华沙

古尔特营是华沙起义期间保卫华沙市中心的部队之一。和大多数波兰家乡军士兵一样，古尔特营士兵的制服也大多是临时制作的：由民用工作服、公务员制服和缴获的德军制服上的元素拼凑而成。古尔特营的士兵唯一的统一识别标志，是其臂上佩戴的白红两色袖标。古尔特营的士兵大多身着深蓝色衣服，他们通常还会戴一顶帽子（图中这名士兵戴的是一顶德国铁路工人的帽子，但上面印有波兰鹰徽和国旗）。从1943年年底开始，波兰人在小型秘密车间内生产了大约700支"闪电"冲锋枪[该枪是由瓦克劳·撒罗尼（Waclaw Zawrotny）和塞沃林·维兰涅（Seweryn Wielanier）主持设计的]，其中大多数都被用于华沙起义。该枪的各部件大量使用螺钉来进行连接（很少使用焊接的方式来进行固定），因此可以分散生产。这款冲锋枪借鉴了司登冲锋枪和MP40冲锋枪的设计，重量约为3千克，使用口径为9毫米的普通帕拉贝鲁姆子弹，有效射程约91米，很适合近距离作战。图中这名士兵背后的废墟上像海锚一样的图案，是

家乡军的标志。实际上，该图案是由字母"P"和"W"（Polska Walczaca，战斗的波兰）组合而成的，字母"P"有时会被绘成佩剑的剑柄形状。

3. 加拿大第3师的火焰喷射器射手，诺曼底，1944年6月

英国Mk Ⅱ型单兵火焰喷射器于D日首次投入实战。这种火焰喷射器因其燃料罐的外形酷似救生圈，而获得了"救生圈"这一绰号。它也具有其他国家同类武器的缺点：重量很重（约29千克）；由一套并不可靠的小电池组件点火；18.6升的燃料只能使用大约10次（每次喷火2秒）；即使使用增稠燃料，其攻击距离也不会超过37米；补充燃料和更换中央球形储气罐（里面储有经过加压的氮和二氧化碳混合推进剂）需耗时5分钟；燃料罐的阀门位于其右侧下方，射手很难触及这一位置。

图中这名列兵是6月6日登陆朱诺海滩的加拿大第3师某突击部队的成员，他携带了一只不大的方形口袋，里面装有火焰喷射器的维修工具和小型配件。此外他还携带了一支自卫用的左轮手枪和一只装有防毒面具的挂包。当时，由于火焰喷射器并不是标准的步兵装备，所以合格的射手很少——这进一步限制了火焰喷射器的作战效力。尽管如此，这些武器仍然是盟军巷战武器库中的一种可怖的备选利器。

苏联红军的强击群，1942年秋（斯大林格勒）。

苏联红军的强击群，1942年秋（斯大林格勒）

苏联人从一个步兵营中挑选了一批精干人员组成强击群，并派遣他们去占领城市工业区中的一栋建筑物。这支攻击部队只有不到一个连的规模（一个红点代表一个人），总人数约100人，配备冲锋枪和其他武器（比如战斗工兵的破拆炸药）。德国守军（一个蓝点代表一个人）的人数少于一个排——大约只有20人（图中有些蓝点是来自其他建筑物的德军支援力量）。本图没有画出攻击发起的初期阶段的情况，但进攻的通常步骤如下：

第一阶段：在进攻发起前的24小时里，苏联侦察兵和狙击手在废墟和瓦砾的掩蔽下一路前进，以确定敌人的数量、所处的位置、可能的行动路径，以及火力覆盖范围。在白天，进攻部队会用一到两挺重机枪或其他重型武器，瞄准固定的线路。此外，发起突击时，以自动武器射击据点的射击孔可以压制守军。

第二阶段：在夜幕或烟幕的掩护下，强击群的士兵从废墟之间、屋顶或未被防守方火力覆盖的道路缓慢向目标前进。苏军对固定线路的火力支援也掩护了这些士兵的接近。我们在本图中展示的四支突击小组（A），有25—35名士兵。一支指挥小组（C）将这些士兵带到了合适的进攻发起位置。这些人组成了强击群的第一个攻击波次。他们会尽可能接近目标（直到到达手榴弹的投掷距离内），迫使敌人的火炮、迫击炮、飞机或装甲部队在攻击他们时，不得不考虑误伤己方人员的风险。

第三阶段：收到进攻信号后，突击小组开始攻击敌人的据点——投掷手榴弹，或在很近的距离内与敌人交锋。在附近四支加强队（R）和重武器组（MG）的持续火力掩护下，四支突击小组同时发起独立进攻。一旦突击小组攻入建筑物内，加强队的士兵就会依次从不同的角度向建筑物发起冲锋，必要时他们将使用"射击加机动"的进攻方式。加强队的士兵会携带轻机枪、重机枪、反坦克枪和破拆炸药，一旦建筑物被肃清，他们就会在这里为突击小组提供火力支援——在这里架设重武器，能有效应对敌人可能会发起的反攻。

第四阶段:如果突击作战不成功,指挥员会投入两个预备排发起第三波进攻。如果之前的作战取得了成功,指挥员就会派剩余的部队占据加强队空出来的阵地,或是在新占领的建筑物侧翼建立防卫阵地。此外,弹药和补给物资也将被运到新的战线上。

放大图1:这是一支典型的由6到8人组成的突击小组(由一名下士率领),士兵们配有冲锋枪、手榴弹和(或)莫洛托夫鸡尾酒(土制燃烧弹),以及军刀和挖壕铲。

放大图2:指挥小组——通常包括一名装备了信号枪和照明弹的下级军官,以及两到三名通信兵或一名携带野战电话的通信兵。图中的一人举着一面小红旗——这是用来表示建筑物已被己方占领的标志。

放大图3:典型的8人加强队(由一名装备SVT半自动步枪的下士带领),其中有几个两人小组分别负责携带重机枪、DP轻机枪和反坦克枪。此外,这支队伍还至少配有一名工兵或步枪手。

放大图4:两支预备排中的一支,有20多人。由一名连长级别的军官率领的两支预备排,有大约40名士兵——主要是步枪手,但可能有几名狙击手、一支重机枪小组和几支轻机枪小组。

英军的房屋清剿规程，1943—1945 年。

英军的房屋清剿规程，1943—1945 年

英国于 1943 年发布的城镇战经典手册——《建筑物密集区的战斗》认为，这种房屋清剿规程是"城镇战斗训练的指南和基础"，具体的训练项目会根据被攻击的建筑物的细节来进行修改。

第一阶段：通过攻击前进，步兵班进入一座独栋房屋的花园。这个步兵班被分成两部分：由布伦轻机枪小组和三名步枪手组成的"掩护组"；由班长（C）、一名爆破手（B）、第一突击手（E1）、第二突击手（E2）和一名观察员（L）组成的"清剿组"。掩护组的成员会对房屋开火——向门窗射击，并用火力覆盖任何可能让防守方移动到别处或是发起反击的出入口。班长和爆破手会在火力掩护下，向前推进到一处合适的位置，并在那里掩护和指挥突击手从理想的入口进入房屋。在进入房屋之前，班长会用冲锋枪通过窗户或门对室内进行扫射。随后，爆破手会向室内投掷手榴弹。手榴弹爆炸后，班长就会示意突击手前进。

第二阶段：进入室内后，两名突击手会迅速背靠墙壁，并瞄准房间内所有的门。必要时，他们会进行射击。此时，观察员会蹲在门或窗的附近，观察房屋内外的情况（他不会站在门口，以免暴露自己）。当突击手就位后，观察员就会向班长发出信号。此时，突击手会向隔壁房间投掷手榴弹并准备行动。

第三阶段：班长和爆破手从突击手身边通过，并快速向前移动进入房间，必要时他们会向楼梯处射击。此时，爆破手会充当班长的助手和护卫。观察员仍需要坚守自己的位置。

班长这时必须快速作出决定。理想情况下，班长应立即带领手下的士兵上楼，逐层逐房间实施清剿，而不是冒险将敌人赶到楼上。不过，这一点可能很难实现，因为楼梯有可能会被堵住，或者楼下未被肃清的房间内有敌人存在。如果对方负隅顽抗，那么掩护组可能会进入房间以加强火力。

安全到达楼梯处后，班长会带领爆破手和第一突击手上楼，留第二突击手在一楼为其他人员提供掩护。观察员应仍坚守自己的位置，在提供掩护的同时

防止敌人突围。此外，房屋外的掩护组应做好行动准备。

放大图：必要时，上楼的三人会重新换弹，然后在楼上的房间内进行搜寻，消灭所有敌人。不过，在往房间里扔手榴弹之前，应先破坏房门。

第四阶段：完成清剿行动后，清剿组重新回到一楼集合。观察员会继续监视房屋周围的情况，直到掩护组建立好阵地，以防止敌军增援或撤退。如果房屋周围有开阔地，布伦轻机枪小组可以直接为清剿组提供火力掩护，然后再移动到合适的地方，以火力覆盖街道和可能存在的撤离通道。

街垒战，华沙，1944 年 8 月。

✵ 街垒战，华沙，1944年8月

这是华沙市中心几条典型的街道的复原图。这些街道由波兰家乡军古尔特营的士兵（蓝点）守卫，他们的对手是一支自北向南侦察抵近的德国突击炮部队和装甲工兵部队。此时，德军已经学会了将大部分步兵（红点）隐藏起来——待装甲部队和工兵突破路障后，步兵才会在火力掩护下穿过建筑物。

图中，一辆3号突击炮正在街角转向。德军装甲工兵连的2名工兵（GE）躲在一堆瓦砾后面，通过电缆控制两辆sdkfz303型履带式遥控装甲炸药运输车——歌利亚（G），这些小巧的无人车辆可装载150千克重的炸药。波兰人在距离主要路障9米或18米的地方竖起了一排被称作"小大卫"（LD）的防御系统，以阻止歌利亚前进，该防御系统是一名大学教授设计的，它实际上就是一排垂直放置在地面上的铺路石板。

放大图1：藏在阁楼里的波兰狙击手只要去掉面前墙上的几块砖，就能获得一个射击孔。他会不停地移动，从多个方向开火。另一名狙击手可能躲在同一栋楼的屋顶的烟囱下，在那里他可以给第一名狙击手提供一些支持。

放大图2和放大图3：一群抱着必死决心的勇敢年轻人被部署在更靠近路障的地方，他们将试图接近并攻击敌人的歌利亚或突击炮。有些藏在楼上房间里的人会将莫洛托夫鸡尾酒扔到突击炮薄弱的顶层装甲上。小巷里也埋伏了四个人，有一个人拿着缴获的"铁拳"，还有一个人拿着钢丝钳准备去剪断歌利亚的控制电缆，他们携带了一把手枪和许多简易手榴弹。

主路障（B）是一道由竖立的铺路石板组成的厚墙，但守军又在其前方用家具之类的轻质材料加以伪装，使敌人不知道它的坚固程度。事实上，波兰人并未在路障处设防，而是隐藏在侧翼，德军的直射火力很难对他们造成严重杀伤。

放大图4：在街角处待命的一小队古尔特营士兵，其中一人还斜背着一只背包，里面装满了"filipinkis"手榴弹（一种简易手榴弹，其中的一些使用了盟军空投的塑胶炸药）。他们要么在德军越过路障时从临近街道上展开侧翼进攻，要么藏匿于建筑物内的预备阵地中。古尔特营士兵的衣服大多是深蓝色的，他们的轻型装备包括毛瑟步枪、手枪和一到两支冲锋枪。

放大图5：女人们聚集在一个窨井前，用一个临时搭建的井架把弹药和其他物资传递给下水道里的人，这些人会把它们送到战斗人员手中。

放大图6：一名年龄不超过14岁的小女孩正沿着一条通信壕跑向一处指挥掩体的隐蔽入口。这名负责通信的小女孩可能携带了一份街垒阵地指挥官的命令，她会把该命令交到连长手中。连长手里有一挺机枪和为数不多的反坦克武器，他此时需要冷静判断哪里才是敌军的主攻方向。援军被部署在路障后方，可伏击任何强行通过的敌人。

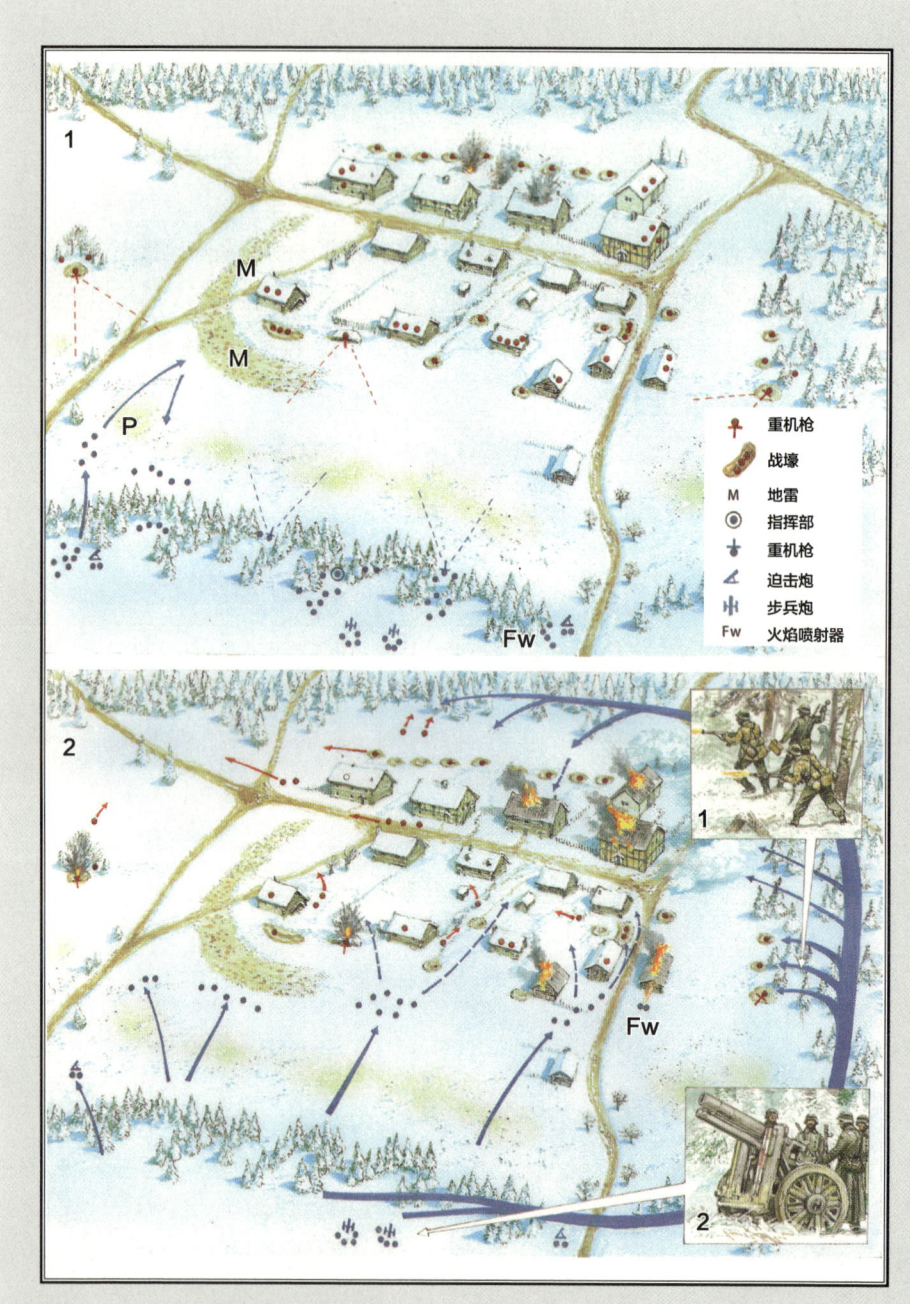

德军攻击一处苏军占据的村庄，1944—1945 年。

德军攻击一处苏军占据的村庄，1944—1945年

本图与德军战时手册《士兵和士官》(*Unteroffizier und Mann*) 中展示的一种方案非常接近。《士兵和士官》中的一些内容已在赖伯特著《军队服役指南》和英军手册《德军战术：进攻和追击》(*Tactics of the German Army: Attack and Pursuit*，1944年7月发布) 里得到了详细阐述。

图中以木质结构建筑物为主的这座小村庄，位于德国东部或波兰境内的某处林地，被苏军某步兵连（红点）的两个排所控制。这些苏军配有三挺马克沁重机枪，人数约50人。苏军占领村庄的时间不长，没有时间构筑太多的障碍物或野战工事，但是他们还是设置了雷区，以保护进入村庄的两个入口。此外，苏军还为一挺重机枪构筑了地堡，并在周围挖了几个战壕和散兵坑，而另外两挺重机枪则被架设在房屋前方的掩体中。此外，苏军已在一些房屋内做好了内部防御准备。

德军为这次进攻准备了一个加强连（蓝点，比实际人数少）。1944年时，一个德军步兵营包含三个连，每个连大约有100人（被分成三个排）。此外，这个加强连还得到了营重武器连的一个机枪班（拥有2挺配有三脚架的MG34或MG42机枪）和一个迫击炮班（拥有2门81毫米迫击炮）、一个附属的战斗工兵排（拥有两支火焰喷射器小组），以及一支来自团属榴弹炮连的步兵炮班（拥有两门150毫米步兵炮）的加强。也就是说，仅这些支援部队的人数加起来就有100多人。

1. 第1和第2阶段

黎明前，德军指挥官派出了一个班的巡逻队（P），侦察兵在前方村庄的左翼行进。这个班的士兵利用崎岖不平的地面和植被作为掩护，尽可能靠近目标并确保不被苏军发现。与此同时，德军指挥官在树林边缘附近建立了指挥所和观察哨。不久之后，苏联人的机枪开火了。在匆忙撤退之前，巡逻队的队长设法找到了敌人在左翼布有雷区的证据。

在确定了苏军武器所在位置之后，德军指挥官下令发起进攻。迫击炮和机枪开始从树林里向村庄开火，同时步兵炮也开始轰击村庄后方，以切断敌人援军的来路。

2. 第3和第4阶段

德军的步兵主力在火力掩护下穿过村庄右侧的树林，开始包围苏军。

一些建筑物开始起火燃烧。德军一个步兵排在己方轻机枪组的支援下，攻击并压制了苏军位于右翼的重机枪阵地。德军另一支步兵排也渐渐逼近村庄的右后方。左翼，德军的一门迫击炮在火力掩护下向前移动，开始轰击另外两处苏军重机枪阵地。当苏军的机枪火力被压制后，德军的迫击炮和步兵炮开始发射烟幕弹，以掩护步兵发起攻击。此时，德军的机枪在第三支步兵排的掩护下，转移到了侧翼。德国工兵开始使用火焰喷射器（Fw）攻击坚固的地堡或经过加固的房屋——火烧得越来越大，赶走了房屋里的守军。

接下来，苏军受到了来自几个方向的攻击。苏军对侧翼敌军发起的所有反攻，都遭到了德军机枪的压制。苏联人意识到自己即将被包围，开始试图撤退，一些人跑到了后方树林中的德军阵地前，一些人逃到了村庄左后方。最后，德军以烧毁剩余房屋的方式结束了战斗。

放大图1：在MG34机枪掩护下发起突击的德国步兵。这一时期，部分MG34机枪已被MG42机枪汰换。在战争的最后六个月，一些班会拥有两挺轻机枪（它们会被布置在进攻线的两侧）。此外，德军步兵排里的少数士兵还会装备StG44突击步枪。

放大图2：德国150毫米sIG 33重型步兵炮。

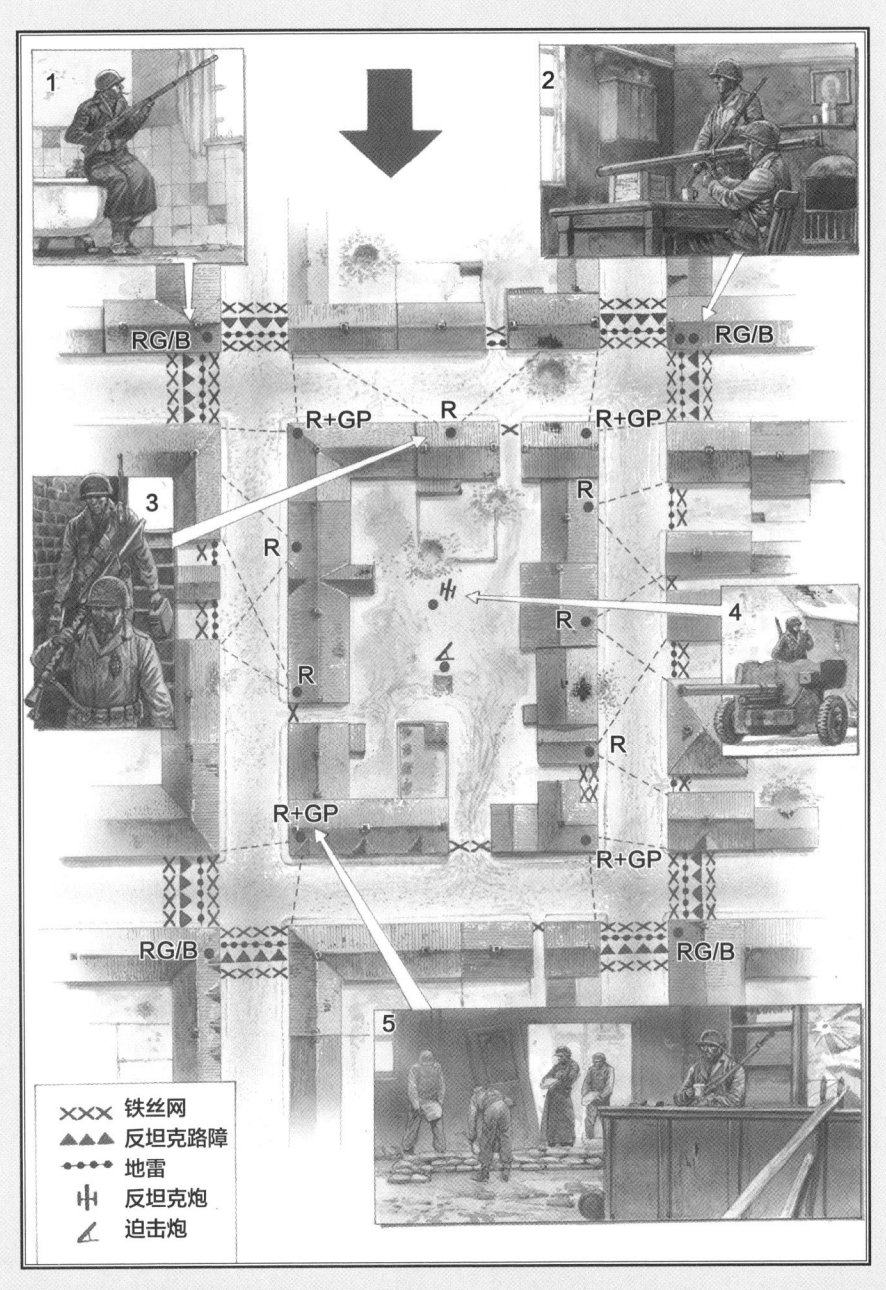

美国步兵排的防守方案，欧洲西北部，1944年冬。

图例：
- ××× 铁丝网
- ▲▲▲ 反坦克路障
- •••• 地雷
- ⊥⊦ 反坦克炮
- ⁄ 迫击炮

美国步兵排的防守方案，欧洲西北部，1944年冬

本图是基于野战手册 FM 31-50 给出的理想情况绘制而成的。构筑这种像小型堡垒一样坚固的防线，需要军队拥有足够多的时间和物资。在大多数情况下，军队并不能完全按照本方案来构筑防线。

图中的蓝点代表能立即投入战斗的人员或执勤的人员。一个负责执勤的小队，大概拥有15名士兵。其他士兵会就地休息或执行另外的任务，但当阵地遭到攻击时他们会提供增援。夜间，守军会在建筑物外不太显眼的位置设立岗哨。

每个步兵班都有明确的责任区。守军会检查每一栋建筑物的状况，摧毁脆弱或易燃的建筑物，拆掉栅栏和树篱等物体，以扩大射界和减少敌人用其充当掩体的可能。所有士兵都准备了备用阵地。在本图中，通往中央区域的路被铁丝网拦住了。

班长负责把班里的士兵分成两组轮流执勤。他们检查了各个步枪阵地（R）的位置和射击区域，监督士兵将射击孔伪装好，以确保将枪管伸出掩体时不会被敌人看到。最好的射击孔应该设置在令敌人意想不到的地方——比如屋檐下和植被后面。当然，最好的做法是频繁转移射击位置，并设置一些假的射击孔。此外，用沙袋将一些暂时不需要使用的射击孔堵住，也是很好的办法。如果天气比较干燥，则应将射击孔（无论真假）周围的地面打湿，以防因扬起地上的尘土而暴露位置。

本图中的假想敌的进攻方向是北方。此时，街道已被守军封锁。守军在每条可以进入中央区域的道路上都设立了一层"三明治"防线——由铁丝网、反坦克障碍、地雷带（布有反坦克地雷和人员杀伤地雷）构成。此外，携带反坦克武器的士兵（RG/B）还可对这些通道进行火力覆盖。敌军的步兵或工兵将不得不拿出巨大的勇气在这些铁丝网和人员杀伤地雷中开辟可供装甲车辆使用的通道。如果敌人派装甲车辆先行，这些装甲车辆就会暴露在守军反坦克武器的火力下，并可能碰上反坦克障碍或反坦克地雷。

负责守卫阵地的步兵排还得到了一门反坦克炮（来自营属反坦克炮排）的

支援。此外，我们还可以在图中看到一门60毫米迫击炮，它被部署在中央区域的花园中。中央区域的每个街角都有一名步枪手，以及一个为反坦克炮准备的炮位（R+GP）。

放大图1：配备M7型枪榴弹发射器的步枪手，他可以发射M9A1反坦克枪榴弹。在战争的这一阶段，每个步兵班都装备有两到三支这样的发射器。如果使用窗口而不是隐蔽的射击孔作为火力点，射手务必要待在室内离窗口较远的位置。

放大图2：班里的士官正在检查一个巴祖卡火箭筒（每个步兵连的标准装备数量是3支，而营附属单位的装备数量则会更多）火力点。虽然这名射手是在室内警戒，但开火前他必须离开封闭的房间，以避免被尾焰带来的超压杀伤。

放大图3：来自连属武器排的轻机枪。近战时，轻机枪火力点的位置不会被设得太高。若交火距离较远，轻机枪火力点就会被设在高处，有时候甚至会设在屋顶。图中的士兵正在将一挺M1919A6轻机枪扛进地下室，准备把它架设在贴近地面的通风孔后面，用于近距离防御。

放大图4：一门57毫米反坦克炮（也可以发射高爆弹）。在没有拖车的情况下，这种重量超过1吨的武器需要足够的人手才能移动。威力较小的37毫米炮的重量不到它的一半，是真正可以靠人力机动的武器。

放大图5：一名正在站岗的步枪手，他旁边的几名士兵正在构筑一个反坦克炮阵地。

美国陆军的房屋清剿规程，1944—1945 年。

美国陆军的房屋清剿规程，1944—1945年

本图以美国具有开创性的野战手册 FM 31-50 中的两幅草图为基础绘制而成。在攻击有楼梯的房屋时，士兵可以通过从下向上射穿墙壁的方法来清剿房屋内的敌人。在面对无法强行进入的阁楼时，士兵会在一楼用 TNT 炸药炸出一个"鼠洞"，然后快速发起攻击，杀死楼下房间内的敌人。接下来，士兵会向天花板射击，以尝试消灭躲在楼上的敌人。此外，班长会在楼梯处对着二楼的房门射击，以期消灭躲在房间里的敌人。汤普森冲锋枪不是步兵排的标准装备，但有经验的士官可以因为需要执行任务而轻易得到这种武器——它拥有强大的近距离火力。如图所示，有一名德军还没有被击中，他用一张桌子和一张床垫给自己布置了一个简陋的掩体。在美国大兵到达门口并把两枚手榴弹扔进屋内之前，进攻方的领头人的命运还尚未可知。

一旦制伏或击毙了房间里的敌人，进入屋内的士兵就会通过二楼的窗户向外面的战友发出前进信号，并观察和狙击附近的敌人。最后他们需要肃清阁楼——比较安全的做法是先向天花板扫射，然后让一名士兵从楼梯口进入阁楼。野战手册 FM 31-50 所介绍的战术，均经过了实战检验，但即便如此，这种挨家挨户进行的房屋争夺战仍是一种高伤亡率的作战方式。

参考书目

Helmut Altner, *Berlin: Dance of Death*(Staplehurst, UK, 2002)

Stephen E. Ambrose, *Citizen Soldiers*(London, 2002)

Bastable Jonathan, *Voices from Stalingrad*(Newton Abbott, UK, 2006)

Anthony Beevor, *Stalingrad*(London, 1998)

Robert M.Citino, *The Path to Blitzkrieg: Doctrine and Training in the German Army* (Boulder, CO,1999)

Hugh M. Cole, *The Battle of the Bulge* (Washington, DC, undated r/p)

Cuthbert Capt, *We Shall Fight in the Streets* (r/p Boulder, CO,1985)

Vasili Ivanovich Chuikov, *The Battle for Stalingrad* (New York,1964)

Norman Davies, *Rising 44: The Battle for Warsaw*(London, 2004)

John Ellis, *Cassino: The Hollow Victory*(London, 1984)

Charles B. MacDonald, *Company Commander* (Washington, DC,1947)

Ralph Mueller, *Report After Action: The Story of the 103rd Infantry Division*(Innsbruck, 1945)

Jean-Paul Pallud, *After The Battle : Budapest* (London,1983)

Wigram Maj Lionel, *Battle School 1941*, (r/p Cambridge, UK,2005)

此外，文中还特别引用了一些战时手册。

二战步兵火力支援战术

第二部分

德国制造的 8 厘米 mGrW34 型迫击炮。该炮原先的型号是"sGrW34",属于重型(Schwere)迫击炮。但是从 1942 年开始,随着 12 厘米 sGrW 型迫击炮开始列装部队,8 厘米迫击炮被重新划分为中型(Mittlere)迫击炮。这张照片中靠近镜头的地上有一个钢制密封弹药箱,它可以容纳三发炮弹。(汤姆·莱姆莱茵,Armor Plate 出版社)

引言

术语"火力支援"涵盖了很广泛的武器类型、专业单位、战术和能力。火力支援包含的机枪、迫击炮、步兵炮、反坦克炮和步枪等武器在军队各层级单位中都能找到。本章节将聚焦于连、营、团（旅）级的步兵火力支援战术与武器。

上述武器可提供反应迅速的火力，因此无论是在进攻还是防守中都不可或缺。但由于战争的复杂性和作战条令与战术的多变性，这些武器的使用方式常常背离了设计的初衷。战争在战术层级上的快速演变，使得各种战术单位都摸索出了属于自己的一套火力运用方法。通常来说，对于特定目标没有某一种"最好的"应对武器：虽然一些武器可能比其他武器的效果更好，但经常出现的情况却是军队会投入两到三种不同的武器来对付同一目标。另外，某一特定武器可能会有多种能力，例如除了发射穿甲弹之外，反坦克炮还可发射高爆弹来攻击工事和无防护的敌军；迫击炮可发射高爆弹或烟幕弹；步兵炮在攻击敌军工事、班组武器和位于开阔地的敌军时，既可用直射或曲射的方式发射高爆弹与烟幕弹，也能使用反坦克炮弹直接攻击装甲战斗车辆（尽管步兵炮很难胜任这种任务）。这类武器在不同的国家可能有着几乎相同的设计方案与性能，而不同的国家在战术和火力运用，以及使之与部队结合方面，也可能有相似之处。

除了作战条令会在战争中发生变化外，其他的变量还包括地形、天气和敌军战术的变化。火力支援武器的数量与部署会发生变化，新的武器会被投入战场（一些被用来取代现有武器，另一些则是对现有武器的补充与增强，通过提高它们的效能来扩展使用范围）。火力支援可增强一线部队的火力，军队通过向敌方实施更加集中和精确的火力打击，来获得火力优势并压制敌方的火力。火力支援武器不会被平均分发给最基层的各个单位。这使得指挥官可以将其重新部署，并将其集中在它们能发挥最大效果的地方，以改变战场形势。

火力支援武器的重量与便携性，对与其相关的设备及弹药而言都十分重要。火力支援组必须能够紧跟其所支援的步兵单位行动，至少不能落得太远。为此，一些火力支援武器被设计为可以拆解成能由单兵携带的多个部分。一些更重的武器可由骡马驮载，由畜力直接拖曳，由畜力车辆运载，或者由轻型越野车牵引。不管重量有多重，火力支援武器都必须能够满足"在短距离内由人力转移至替代发射阵地或备用发射阵地"的要求。

一般来说，火力支援武器都不需要过远的射程，毕竟其大多数目标都是由前沿步兵在战术范围内通过直接目视观察获得的。不过，还是有一些火力支援武器拥有较远的射程，可以为前出的巡逻队提供支援，或者直接打击敌军前沿后方目标。

基本步兵单位配置

美国、苏联和德国的步兵师通常下辖三个步兵团，每个步兵团由三个步兵营（1944年，德军被迫将一个步兵团的规模缩减为两个步兵营）和直属团部的各种支援连组成。英军和英联邦军的步兵师下辖三个旅，每个旅（旅一级部队的编成内并没有支援单位，后者由师部掌握，仅在必要时配属给旅或营一级部队）又下辖三个步兵营。

步兵营由一个营部连和三个步兵连组成（从1943年起，英军和英联邦军的一个步兵营会下辖四个步兵连）。在大多数陆军中，每个步兵连下辖三个步兵排，每个步兵排下辖三个班——在战争初期，有些军队的一个排会下辖四个班，但是由于伤亡人数的增加和扩军的需要，这些排很快就变成只下辖三个班了。各步兵营可能有，也可能没有单独设置武器或支援连——如果没有设置相关连队（例如1943年之前的英军和英联邦军的步兵营），火力支援武器就由营部连掌握。苏军的营和团拥有多个支援武器排和连。本章将讨论配属给"标准"步兵团的支援武器，伞兵部队、机降部队、山地部队、轻装部队和其他特种步兵团的任务往往比较特殊，不在我们的讨论范围内。

陆军的最小战术单位，美军称其为"Squad"，英军称其为"Section"。在本章节中，我们提到这些单位时会尽量使用"Squad"这一术语。此外，在提到英军和英联邦军的旅级单位时，我们也有可能统一使用"团"这一术语。

步兵火力支援的起源

在一战中，机枪将步兵压制得抬不起头来，并且在两军阵地之间创造了一个几乎无法穿越的地带——这是士兵无法凭借战斗决心与团队精神去逾越的"无人区"。步兵支援武器在一战期间开始被投入战场，主要用于帮助步兵穿越致命的开阔地并突入敌军阵地。

在一战爆发时，英军每个营只有两挺维克斯机枪。到了1915年，尽管英军第一集团军指挥官道格拉斯·黑格将军依然认为机枪是"一种被高估的武器"，但英军每个营还是配备了四挺机枪。随后，英军把各营的机枪集中到旅直属的一个机枪连（拥有16

德国党卫军许多单位都获得了产自德占捷克斯洛伐克的高质量武器。在整个二战期间,德国人控制的当地兵工厂一直在生产武器。vz26和与其外观相似的vz30轻机枪(见照片左侧)经常被用来代替MG34,并使用相同的7.92×57毫米弹药。德军将这两款轻机枪命名为"MG26(t)"和"MG30(t)"。这两款轻机枪都是通过20发顶置弹匣供弹的。英国的布伦轻机枪就是以vz30为基础发展而来的。(汤姆·莱姆莱茵,Armor Plate出版社)

挺机枪)里。再后来,英军在师一级部队里增设了第四个机枪连。1918年,英军师一级部队里的四个机枪连被合并为一个师属机枪营。1916年时,英军每个步兵排有一挺刘易斯轻机枪,而1918年时每个班(一个营有36个班)就有一挺这种轻机枪。1916年,英军各步兵旅均得到了一个拥有八门3英寸斯托克斯迫击炮的炮兵连的加强。

一战爆发时,德国陆军每个步兵师拥有72挺机枪——每个营6挺。后来德军又给每个步兵师增加一个机枪营,每个营增加一个机枪连,每个步兵排增加两挺轻机枪。1916年,德军装备了新型的7.6厘米迫击炮(每个团六门)。这种迫击炮被德军一直使用到了20世纪30年代中期,虽然它比斯托克斯迫击炮更重,结构也更复杂,但它促进了德国步兵炮的发展。1916年时,美国陆军每个步兵团只有四挺机枪。1917—1918年,法国战场上的美军步兵师有两个师属机枪连,步兵师下辖的两个旅各有一个三连制的机枪营，旅下面的两个团各有一个机枪连。美军整个步兵师共有12个机枪连（足够为每个步兵营都配备一个机枪连），每个机枪连会装备12挺美制、法制或英制的重机枪（含备用机枪）。美军一个步兵排会配备四挺法制轻机枪。美军一个步兵团会装备三门使用三脚架的法制37毫米M1916步兵炮，以及六门3英寸斯托克斯迫击炮。

轻机枪状态下的德军7.92毫米MG42机枪和三名班组成员。主射手此时正把机枪架在副射手的肩膀上射击。这是一种常见的做法，可在向较远处点射时提供稳定的支撑。MG42重25磅8盎司，在两脚架状态下，其机械理论上的最大射速为每分钟1100—1200发。每一个德军步兵连起初都只拥有九挺轻机枪，但到二战后期时，该数字常常会翻一倍，尤其是在东线战场上。（汤姆·莱姆莱茵，Armor Plate出版社）

在战间期，得到了改进的机枪，继续担当主要步兵支援武器这一角色。在20世纪20年代和30年代，经过改进的轻型迫击炮成为连级和营级部队固定配置的武器。重型"化学"迫击炮不仅可以投放化学战剂和施放烟幕，也可发射高爆弹。因此，这种迫击炮被广泛当作火力支援武器使用。轻型反坦克炮和反坦克枪是在20世纪30年代投入使用的，当时人们没有预料到未来的坦克装甲会快速获得增强。同期，一些军队基于一战时的教训，列装了步兵炮——本质上是一种微型野战炮。有两个一战时的教训，给人留下了很深刻的印象：第一，即便是轻型火炮也无法穿越无人区支援步兵推进；第二，步兵和支援炮兵之间的通信并不可靠。

本章节相关术语词汇表

术语的确切含义在不同的语言之间,以及不同军队的战术和学说之间有所不同。

替代阵地:覆盖与主阵地相同区域的武器阵地。

弹幕:集中于某一特定区域、地点或战线的火力,以掩护前进或阻止攻击。

打击区:机枪火力集中射击的区域。

隐蔽:避开敌军观察,但避不开敌军火力。

掩护:遮挡敌军火力的攻击,通常也能遮挡敌军的观察。

直接火力(直射火力):从视线范围内向目标直接开火。

直接支援:负责支援特定机动部队的火力支援单位。

射击区(场):由特定武器覆盖的区域或扇面。

火力机动:步兵在火力掩护下实施机动以对抗敌军。

最后防御火力:覆盖前沿阵地的固定机枪火力线,以及预先标定好的、向发动最终攻击的敌军发射的近距离迫击炮和火炮弹幕。

前进观测员(FO):经过严格训练的与射击单位保持联系的军官,负责探测目标并指挥和调整对目标的射击。英军称其为前进观测官(FOO)。

一般支援:负责向一个以上的机动部队提供支援的火力支援单位。

平射火力:瞄准地面上方的直接火力线。

骚扰和阻击火力:对疑似的敌方人员进行盲目射击,希望能阻碍其活动。

间接火力:对射击单位不可见的目标进行射击,但要接受前进观测员指挥,或者对可疑的敌人活动区域进行预先标定射击。

观察射击:当弹着区可被武器班组或前进观测员看到时进行的射击。

超越射击:从位于开阔地或者掩体中的友军头顶上穿过的间接或直接火力。仅在必要时使用。

坠落射击:以大角度落在目标上或区域内的间接火力。

主阵地:覆盖特定区域或目标区域的武器阵地。

参考点(RP,又名定位点):一个可识别的点或特征,火力可从这个点上调整到其他目标处。

校准射击:在知道参考点与目标的相对位置的情况下,为了确认间接火力的准确性而进行的射击。其重点不是为了命中目标,而是为了测试火力落点的误差。

滚动弹幕(徐进弹幕):预先计划好的间接射击弹幕,在部队前进的过程中按时间安排向前推进。

次要阵地:覆盖区域与主要阵地和替代阵地不同的武器阵地。

压制火力(掩护火力):对已知和可疑的敌方阵地进行火力打击,以阻止其回击。

步兵火力支援武器

各国的火力支援武器的类型和特点各不相同。基本上，在连一级部队中，火力支援武器可以由一个人或两个人搬运（至少可在短距离内转移，不过需要其他人来携带弹药）；在营一级部队中，火力支援武器一般可由三到四个人搬运（可转移较短的距离，但需要更多的人来搬运弹药）。虽然人力车、马车或轻型卡车可用来进行较远距离的转移，但团级部队的火力支援武器需要使用更重型的运输工具。

足够的运力是至关重要的。虽然许多武器可以通过人力进行搬运，或者分解成单兵可以负载的部件再进行运送，但这将使得武器班组人员在通过糟糕的地形时耗尽体力——这不仅会让他们无法跟上步兵的步伐，还会让部队需要耗费更长的时间来转移阵地。在原先的阵地被敌人发现后，或者前沿部队开始推进时，以及需要应对不同的威胁和执行不同的任务时，都有必要重新部署火力支援武器。此时如果缺乏运输工具，就需要额外的人力来搬运弹药（火力支援武器的弹药数量多、重量重，消耗速度也很快）、武器设备和班组人员自身的装备。此外，机动运输工具对反坦克炮而言尤其重要——为了生存，反坦克炮需要频繁且快速地转移阵地。

机枪

与步枪同口径的重机枪，主要负责提供远程（距离超过 1000 码）的间接火力和最后防御火力。当然，它们也可被用于执行其他任务，包括近距离支援、防空等。重机枪通常会被安装在一个沉重的三脚架上，以确保其稳定性——可以实施精确的远程射击（重机枪的射程可达 3000 多码）。只有德国人在重机枪上安装了光学瞄准具，而美国人和英国人则在远程射击时分别使用了测距仪和表盘瞄准具。美军、英军和苏军用水冷的方式来保障重机枪可以进行持续射击。德军的重机枪安装在一个可吸收后坐力的支架上，通过风冷的方式来进行降温。重机枪的射速一般为每分钟 450—550 发，但德军重机枪的射速几乎是这一射速的两倍。重机枪通常需要较多的人手来进行操作，因为重机枪经常需要和大量的弹药一起由人力搬运至单独的阵地上。

在大多数军队中，每个步兵班都会配备一挺或两挺轻机枪。这一理念是法国人在一战时提出的，并几乎被全世界的军队所接受。轻机枪大多安装有两脚架，发射步枪弹，使用弹匣供弹，不过德军轻机枪用的是更重的弹链供弹。一般来说，轻机枪是最低层级的火力支援武器——尽管步兵班通常也配备有至少一个枪榴弹发射器。大多数军队的步兵班，都是由一个班长带领的步枪组和一个副班长带领的轻机枪组构成的。

意大利战场上的第三希腊山地旅的一个步兵班正在保护一处桥梁工地。该旅由英国提供装备，接受加拿大第1军指挥。轻机枪手装备了一挺口径为0.303英寸的Mk I布伦轻机枪。布伦轻机枪重23磅，使用30发弧形（为容纳0.303英寸凸缘式底火子弹而被设计成了这种形状）弹匣供弹，循环射速为每分钟540发。相比之下，美军的0.30英寸M1918A2勃朗宁自动步枪（BAR）重19磅6盎司，使用20发弹匣供弹，射速为每分钟300—450发。也就是说，BAR的弹容量只够打4—6个短点射，射手需要频繁更换弹匣——这限制了BAR的火力持续性。如果真要说布伦轻机枪有什么缺点的话，那就是它太过精准，弹着点太过密集了——在对付面状目标或者小股敌军时，射手就需要有意识地摆动肩膀。通常情况下，英军步枪组的六个步枪手每人会额外携带两个布伦轻机枪弹匣，轻机枪组组长与1号射手会各携带四个弹匣，2号射手会携带八个弹匣。也就是说，在战斗刚开始时有28个弹匣可供轻机枪手使用。（汤姆·莱姆莱茵，Armor Plate 出版社）

轻机枪、中型机枪和重机枪

人们似乎普遍认为每一种"轻武器"——口径在15毫米以下的武器——都有明确的定义，但一些人难以分辨某一型号的机枪究竟是重机枪、中型机枪、轻机枪，还是通用机枪。有一种流行趋势认为，"轻机枪"是可抵肩或髋射击，并安装有两脚架的机枪；中型机枪是安装在三脚架上的风冷式机枪；重机枪是安装在三脚架上的水冷式机枪，或者口径大于步枪口径的机枪。不过，这种粗略的定义是不严谨的。例如，英国人称他们的水冷式 0.303 英寸 Mk Ⅰ 维克斯机枪为"中型机枪"，而美国人则称他们的水冷式 0.30 英寸 M1917A1 勃朗宁机枪为"重机枪"——这两者在外观、性能和用途上几乎完全一样，而且它们在装满冷却水后都差不多重 42 磅。

在美军的规定中，轻机枪和重机枪的区别在于它们的用途不同，而不是物理重量的不同。重机枪，即 M1917A1，是一种营级武器，用于对点目标和区域目标进行远程射击（通常是从友军头顶上进行直接和间接射击）。同时，M1917A1 牢固而沉重的三脚架也为其提供了必要的稳定性。轻机枪，即 M1919 系列机枪，属于连级武器，它们的操作人员需要具有较高的机动性，能够跟上步兵的步伐，可在短距离内实施压制射击。"重"和"轻"这两个字并不是美国枪械名称中的一部分，而是指枪械所属的层级——营武器连的重机枪排，以及连武器排的轻机枪班。需要注意的是，在实际使用中，美军从未用过"中型机枪"这一术语。

以前大多数军队所说的"轻机枪"实际上就是当今"班组自动武器"的前身——例如，两者都安装有两脚架，可抵肩或髋射击，通常使用弹匣供弹。二战期间，美军称其班组自动武器（BAR）为"自动步枪"，以区别于连级的"轻机枪"。

二战期间，苏军每个步兵班会装备 1—2 挺 7.62 毫米 DP 捷格加廖夫轻机枪。DP 机枪的复进簧缠绕在枪管下方的导气活塞杆上，在射击后会被快速加热，从而导致变形，并引发故障。从 1943 年开始，DP 机枪开始被 DPM 机枪取代，后者的复进簧被转移到了机匣后方延伸出的圆筒内。DP 机枪有一根显眼的 50 英寸长的枪管，全枪重 23 磅 4 盎司，其循环射速为每分钟 500—600 发，在对空射击时其射速可以上调至每分钟 1000—1200 发。（汤姆·莱姆莱茵，Armor Plate 出版社）

1944年，法国：密林中的美军0.30英寸M1917A1重机枪无法在前沿部队的后方或缝隙中提供远程支援火力。因此，其枪组成员通常会与前沿步兵排部署在一起，以便为后者提供近距离直接支援。一个步兵连（假如有两个排部署在前沿）通常会自带六支BAR和两挺M1919A4轻机枪，可能还会得到一个带有两挺M1917A1重机枪的机枪班或一个带有四挺机枪的机枪排的加强。如果再加上60多支M1半自动步枪，美军一个连的正面就拥有了相当可观的自动火力。（汤姆·莱姆莱茵，Armor Plate出版社）

    德军的7.92毫米MG34与MG42均可作为轻（Leicht）机枪或重（Schwere）机枪使用——这里的"轻"和"重"同样与重量无关，只是表明了机枪的用途、配件和班组的不同。如两者作为轻机枪使用时会被分配给步枪班，射手仅可抵肩或使用两脚架射击，并且一个三人小组会携带五个装有50发弹链的弹链盒和两个装有250发弹链的弹药箱。作为重机枪使用时，它们由营机枪连携带，可被用于实施远程和持续性火力支援。此时，机枪班组人员变成了六人，他们会携带一具带有后坐力缓冲功能并可控制机枪在设定范围内来回扫射（Tiefenfeuerautomat）的三脚架、一具最大刻度为3830码的远距离光学瞄准镜、大量装在弹药箱内的250发弹链和三根备用枪管。

迫击炮

迫击炮是步兵的"袖珍火炮"。它们制造成本低，操作简单，精度合理，重量轻，携带方便，且能发射烟幕弹和威力相对较大的高爆弹。作为一种间接火力武器，迫击炮很少由前进观测员指引，主要是应连或排指挥官的要求提供火力支援。但在二战中，迫击炮常被用于直接攻击射手视线内的目标。迫击炮主要以40—85度的大角度发射。二战期间，大多数军队使用的81毫米布朗德式迫击炮（重量超过了100磅）属于团级武器，其射程为2600—3000码，短时间内的射速可达每分钟15—20发。[1]

一个美军60毫米M2迫击炮炮手和他的副炮手在他们仓促挖掘的工事中休息。这款迫击炮重42磅，拥有28.6英寸长的炮管，发射3磅重的高爆弹时的射程为100—1935码。这种工事由两个仅能供士兵俯卧或睡觉的散兵坑组成。美军步兵连的武器排包含一个带有三门60毫米迫击炮的炮班。在防御时，这些迫击炮将会对敌军步兵的进攻路线实施预先标定的炮击，并发射带有降落伞的照明弹（这种炮弹于1944年问世）。三门迫击炮通常会被集中在一起，并受连部直接指挥，很少被分散配属给步兵排。（汤姆·莱姆莱茵，Armor Plate 出版社）

---

[1] 译者注：埃德加·布朗德（1880—1960年）设计的第一门60毫米后膛装气动迫击炮在1916年被法国军队采用。此后，一直到1935年，他设计了一系列口径为60毫米到120毫米的炮口装填迫击炮，其基本设计包括一根带有固定击针的炮管；一块相对较重的、形状各异的座板；一副可调节高度、带有一个横移装置和一个或两个小缓冲机的两脚架，以及一个机械瞄准具。布朗德设计的迫击炮在稍作调整后，被授权给许多国家生产（后来的81毫米迫击炮几乎成了世界通用装备）。大多数国家都为迫击炮生产了高爆弹和烟幕弹，英国还为其2英寸迫击炮生产了降落伞悬挂式照明弹，美国在1944年年初推出了口径为60毫米和81毫米的同类产品。布朗德在1939年被授予法国荣誉军团骑士勋章，他在二战爆发前移居瑞士并永久定居。他的设计在近90年之后仍被世界各地广泛采用，而且基本保持原样。

在二战前夕，许多国家还开发了轻型的简易迫击炮（比如布朗德式轻型迫击炮，以及一些新型的、通常设计也更复杂的产品），用来替代或补充排一级部队的枪榴弹发射器。这些口径通常为 50 毫米或 60 毫米的轻型迫击炮，可由一人携带。如果采用双人班组的编组形式，那么通常每个步兵排都会配备一门轻型迫击炮。这些轻型迫击炮的射程各有差别，但一般都在 1000 码以上。在迫击炮谱系的另一端是 107 毫米或 120 毫米重型迫击炮。这类迫击炮的射程为 4000—6000 码，射速高于传统火炮，它们既能发射高爆弹，也能施放烟幕（这是大多数重型迫击炮的设计初衷）。在某些情况下，重型迫击炮属于团级武器，但大多数时候都由师一级部队掌握，然后被配属给团一级部队。重型迫击炮班组的规模和炮兵班组近似，需要使用汽车来进行运输。

步兵炮

步兵炮诞生于一战时期。在当时的战场环境下，军队急需一种支援武器，以支援进攻的步兵穿越遍布铁丝网和大小弹坑的泥泞战场。当时的通信手段使进攻中的步兵难以指引远在后方的火炮。因此，这种配属给步兵的、负责提供直接火力支援的"伴随火炮"概念并不成功。尽管德军直到 1918 年仍在使用步兵炮，但这种火炮几乎没办法跟上步兵的脚步。1916 年，德国人尝试把 7.6 厘米迫击炮搬到一个带有可 360 度转动的座钣的两轮轮架上。这种迫击炮被从轮架上拆下来后，可在地上进行间接或直接射击（直接射击时主要攻击碉堡，偶尔攻击坦克）。德国人还把过时的人力牵引式 7.7 厘米野战炮当成"步兵大炮"，给每个步兵营分配了一门。

一战之后，许多国家都摒弃了"步兵炮"，转而依靠迫击炮来满足相关需求，但德国人对步兵炮做了进一步的研发，并将研制出的步兵炮称为"Infantrie-Geschütze"。这种炮本质上是一种缩小版的口径为 7.5 厘米的火炮，可被分解成一些能由人力搬运的部件。该炮于 1929 年列装，可向敌军部队和碉堡实施直接或间接射击。1939 年，德国人研发出了更大型的口径为 15 厘米的步兵炮，用于压制敌军据点和突破铁丝网。

美国人基本上照搬了步兵炮的概念，但他们使用的是驮载火炮。美军起初采用的是 75 毫米驮载榴弹炮，这种火炮被设计成可空降运输和用骡子驮运。后来，步

虽然苏联红军的 76 毫米 M1927"团炮"（炮管长度仅为 46 英寸）实际上更像是一门榴弹炮，但是该炮的射程（9350 码）超过了德军所有的步兵炮。在发射 13 磅 11 盎司重的高爆弹时，该炮每分钟 14 发的射速也高于德军步兵炮的射速。德军在将缴获的 M1927 命名为 7.62 厘米 IKH290(r) 之后，转为己用。后来，苏联红军又将 M1927 的轻量化改进版——M1943 投入了战场。M1943 主要是大幅修改了 M1927 的炮管，以适配 45 毫米 M1942 反坦克炮的炮架和防盾。（汤姆·莱姆莱茵，Armor Plate 出版社）

意大利、美国和荷兰仿制或被授权生产了德国 3.7 厘米 PaK35/36 反坦克炮。该炮重 723 磅，炮管长 65.5 英寸，其发射的 1 磅 8 盎司重的穿甲弹在 400 码处的穿深为 38 毫米，射速为每分钟 8—18 发。美国仿制版 37 毫米 M3A1 反坦克炮重 912 磅，炮管长 70 英寸，射速为每分钟 15—20 发，其穿甲弹重 1 磅 15 盎司，在 500 码处的穿深为 69 毫米。德国在 1934 年首次组建了反坦克（Panzerabwehr）单位，但是为了掩盖这类单位的防御性质，德国又于 1940 年 4 月 1 日将反坦克单位更名为坦克歼击（Panzerjäger）部队。（汤姆·莱姆莱茵，Armor Plate 出版社）

131

兵团的加农炮连装备了这种火炮。1943年，该炮被105毫米轻型榴弹炮取代。轻型榴弹炮不仅射程比迫击炮远，还可以作为师属炮兵的火力补充——能用直射火力攻击敌军阵地。苏联人使用76毫米M1927及其升级版M1943步兵炮（通常被称为"团炮"）来提供近距离支援。英军及英联邦军队则没有装备此类武器。

反坦克炮

二战主要参战国在二战爆发时大多装备的是37毫米反坦克炮，而英国和英联邦军使用的则是40毫米反坦克炮。到了1941年，虽然这些火炮已经过时了，但仍在军队中服役：大口径的替代者迟迟未能出现，而轻型火炮在对付轻装甲和无防护

1940年，法国战场上的英国40毫米Mk IX反坦克炮，该炮在北非战场上一直被使用到1942年中期。Mk IX重达1848磅，其正面有防盾，侧面可加装装甲板（但很少有人会这么做）。该炮的最高射速可达每分钟20发，其发射的穿甲弹（重量为2磅6盎司）可在500码处击穿50毫米厚的装甲。尽管MK IX比德国的同类火炮（PaK35/36）重两倍，高大的防盾也使其难以在沙漠中隐藏，但该炮能进行360度旋转。（汤姆·莱姆莱茵，Armor Plate出版社）

车辆、野战工事、建筑物与人员时仍然有用。二战中期，50毫米和57毫米反坦克炮淘汰了37毫米反坦克炮，开始承担步兵部队的反坦克任务。这些反坦克炮使用了传统火炮的炮架（有两个轮子和开脚大架，以及用于抵挡坦克机枪火力、迫击炮和火炮炮弹破片的防盾）。大口径反坦克炮——美国的3英寸、英国的76毫米、德国的7.5厘米甚至8.8厘米反坦克炮——后来也出现在了战场上，但这些火炮过于沉重，对于步兵来说很不实用。因此，大口径反坦克炮主要是师属反坦克单位和独立反坦克单位在使用。大口径反坦克炮因轮廓巨大而难以为其构筑掩体或将其隐蔽起来，而且其一旦暴露位置，几乎难以用人力转移——使用牵引车转移不但速度慢，也容易成为显眼的靶子。

反坦克炮拥有快速炮闩、光学瞄具和用于保障炮弹高初速与高精度的长身管炮管。随着坦克装甲的加厚，反坦克炮的炮管也在变长。此外，为了瞄准移动中的装甲战斗车辆，反坦克炮需要较大的横向转动空间。因此许多反坦克炮都有自由横移机构，炮手可用肩部抵住肩托来转动炮管。

总而言之，随着时间的推进，适用于步兵的小口径轻型反坦克炮越来越难以胜任战场任务。大口径重型反坦克炮则缺乏机动性，如果将其部署在前线，很容易被坦克消灭。在大多数情况下，拖曳式反坦克炮会快速降级为辅助角色，甚至完全靠边站。而火箭发射器和无后坐力武器的发展，则让传统反坦克炮在二战结束时被淘汰。

抵肩发射式反坦克武器

步兵抵御坦克火力的能力至关重要。二战之前，大多数国家都装备了反坦克枪榴弹——这是这些国家使用的第一种空心装药弹药——但这类枪榴弹的穿透力有限，而且只有在极近距离才能保证准确命中目标。

二战前的另一种反坦克武器是反坦克枪，除美国外，所有国家的军队都装备了这类武器。不同国家的反坦克枪的口径差别很大，从德国的7.92毫米，到英国的13.9毫米和苏联的14.5毫米，甚至有几个国家（包括德国）还尝试过口径为20毫米的反坦克枪。这些武器比大多数机枪都要重，由于它们重量重，长度长，携带起来很麻烦。而且,反坦克枪的穿甲能力差,击穿的后效也不明显。反坦克枪共同的特点是枪管很长,子弹初速快,射程远,精度高,都使用两脚架。它们可能是单发装填的或使用弹匣供弹,采用栓动或半自动设计。到1942年，反坦克枪基本退出了战场，只有苏联红军还在继续使用它们——因为他们几乎没有其他武器可以替代反坦克枪。反坦克枪的简易机械瞄具使其不适合用于狙击，尽管有时它们的用法与现在的大口径反器材步枪的用法一样——也可以将反坦克枪视为大口径反器材步枪的前身。

苏联14.5毫米捷格加廖夫PTRD-41，是苏联红军在整个二战期间主要使用的反坦克枪。这种单发射击的栓动式武器重38磅，长78.7英寸，十分不利于携带。苏军使用的另一种西蒙诺夫PTRS-41半自动反坦克枪，使用5发弹匣供弹，重达46磅。两者的枪管都可以拆下以提高便携性。这两种枪使用的都是巨大的14.5×114毫米碳化钨弹芯穿甲燃烧弹，但其在500码处的穿深只有28毫米。（汤姆·莱姆莱茵，Armor Plate出版社）

在二战中期，反坦克枪和轻型反坦克炮大多被新式武器所取代。美国在1942年年末推出了轻型的2.36英寸反坦克火箭筒（巴祖卡火箭筒），并在1944年推出了该火箭筒的改进型。巴祖卡火箭筒被证明是一种相对有效的反坦克武器，而且它也可用于攻击人员、建筑物和野战工事。英国在1943年中期推出了"步兵反坦克发射器"

（PIAT）——虽然它很重，使用麻烦且射程较短，但在一些战术环境中也很有用。

德国人从1943年开始装备两种便携式反坦克武器：大量配发部队的革命性的"铁拳"无后坐力反坦克榴弹发射器，以及事实上取代了团级反坦克炮的"战车噩梦"火箭筒。

1945年春，德国曼海姆的一所警察医院外，美国第44步兵师的一名士兵正用一具M9或M9A1巴祖卡火箭筒瞄准一栋可疑建筑物。美军一些单位会培训3—4个两人巴祖卡火箭筒小组，并将其用于支援步枪排，但一般的步兵连没有专门的巴祖卡火箭筒射手。如有必要，步兵班的每个人都要学会使用巴祖卡火箭筒。一个巴祖卡火箭筒小组一般会携带6—9发火箭弹——装在弹容量为3发的M6火箭弹携带包中。（汤姆·莱姆莱茵，Armor Plate 出版社）

火力支援武器的效能

各种火力支援武器拥有攻击不同类型目标的众多能力与手段。战时统计很少会提到支援武器，这可能代表它们没有得到充分利用——如果使用得当，它们能有效加强一个作战单位的战斗力。指挥官和参谋人员如果不完全熟悉不同武器和弹药的能力、缺陷和效果，就会限制自己影响战斗结果的能力。

轻机枪和重机枪

轻机枪射速高，射程适中，是一种较为高效的人员杀伤武器。带两脚架的轻机枪的重量是步枪重量的三倍甚至更多，但没有重到让机枪手跟不上步枪手步伐的程度。在森林和城市地区的近距离战斗中，以及在清除野战工事时，轻机枪也很有效。虽然与步枪的口径相同，但它们能在更远的距离上击中人形目标。使用短点射时，轻机枪可以击倒移动中的敌军人员，而步枪则要开很多枪。此外，轻机枪还可以有效打击敌军的班组武器或聚集人员。

轻机枪的主要优点是可为步兵班提供掩护火力，在后者进行机动时，反复用压制火力迫使敌人无法露头。在重新装填弹药之前能够连续射击的次数，是用来衡量轻机枪的效能的标准。被当成轻机枪使用的 BAR 表现最差，其弹匣容量只有 20 发，只能打四到五次点射。布伦轻机枪的弹匣容量为 30 发，而 DP 和 DPM 机枪的弹匣容量为 47 发。MG34 和 MG42 在这方面是最强的，其弹鼓中容纳了一条装有 50 发子弹的弹链，而且该弹链还能连接额外的弹链。布伦轻机枪的精度最高，但这并不太重要，因为轻机枪是用来对付小的面状目标和多人目标的。防御时，轻机枪射手为避免暴露自身位置，可以只进行单发射击，直到敌人靠近。大多数轻机枪的射速为每分钟 450—550 发，而德国轻机枪的射速两倍于前者。德国轻机枪的高射速，可确保其在远距离交战时命中更多的目标。对于更远距离的交战来说，由于子弹的自然散布问题，轻机枪需要通过更长时间的连续射击来保证命中目标。不过，大多数轻机枪的枪管在过热时都能被快速更换。

重机枪通常属于营级武器，使用重型三脚架，用于提供远距离直接或间接火力。美国的勃朗宁重机枪、英国的维克斯重机枪和俄国的马克西姆重机枪都是水冷式重机枪。这三款重机枪都使用弹带供弹，可以维持长时间但不连续的射击，但它们依然存在更换枪管既麻烦又耗时的问题——德军的风冷式重机枪可快速（10—15 秒）

更换枪管。重机枪当然也可以用于近距离射击，只不过其设计出发点是为了远程射击。重机枪班组使用倾角仪或带分划盘的瞄准具和一张射表来确定射击的角度，最远可对3000码外的目标进行间接射击。重机枪间接射击技巧在一战时期得到了完善，但在二战期间，因火炮和迫击炮被更广泛地使用，以及战争变得更加机动化，该技巧已跟不上战争形势的变化。在二战期间，重机枪为军队提供了宝贵的远距离直射支援和压制火力，尽管它们的机动性在崎岖或狭窄的地形上几乎等于零。

机枪可与步枪通用弹药，但也有特殊子弹可用。穿甲弹在攻击装甲战斗车辆时效果有限，但对无装甲车辆、飞机和常见掩体材料（砖石、混凝土、原木、沙袋等）的穿透能力却得到了提高。此外，还有一些拥有穿甲效果的特殊子弹，如穿甲曳光弹或穿甲燃烧弹，但这些子弹主要被用于防空。

1944年12月，在德国施利希附近，美军机枪手正操作一挺0.30英寸M1917A1重机枪以较大角度射击，为推进中的步兵提供远距离支援。M1917A1加三脚架一共重83磅10盎司。另外，该枪还需要6—8磅重的冷却水。M1917A1使用250发弹带供弹，循环射速为每分钟450—600发（实际射速大约为每分钟150发）。如果冷却水套中装满了7品脱的水，M1917A1在射击2—3分钟后就会出现明显的水蒸气，5分钟后就会使水沸腾。机枪阵地上经常堆满了空的弹药盒和布质弹带。（汤姆·莱姆莱茵，Armor Plate出版社）

德军一挺来自营机枪连的 7.92 毫米 MG34 正处于重机枪状态，它被安装在后坐缓冲三脚架（Lafette 34，也适用于 MG42）上，配有 1.5 倍 Zielfernrohr 40 型准直式瞄准镜。MG34 连三脚架重约 69 磅，使用 50 发或 250 发弹链供弹，拥有每分钟 800—900 发的循环射速。德军还为 MG34 机枪班组（重机枪状态时为 6—7 人）配备了一个 Dreibein 34 防空三脚架，可供射手以蹲姿或站姿进行对空射击。（汤姆·莱姆莱茵，Armor Plate 出版社）

火流：曳光弹

所有军队都为机枪提供了曳光弹——通常的做法是在一条弹带上，每五发子弹里配备一发曳光弹。普通子弹的落点通常无法被准确观察到，但射手可通过观察曳光弹来判断前四发子弹的落点，并及时进行修正射击。对空射击时，曳光弹有助于射手瞄准高速飞行的飞机。曳光弹还可点燃燃料，这会对包括飞行员在内的敌方人员造成心理影响，《美军情报通报》（1945 年）表示：

德军战俘认为，他们在 1944 年 12 月 30 日上午对比利时巴斯通镇的攻击失败，很大程度是因为第 101 空降师大量使用了曳光弹。所有被审讯的战俘都表示，在曳光弹的亮光下，每个德军士兵都认为自己稍微一前进就会被发现，而且每发子弹似乎都在冲自己而来的感觉也很打击士气。尽管在这些德军中有不少人是曾参加过斯大林格勒战役的老兵，但他们都认为这样的战斗场景比之前的任何战斗经历都要恐怖。

燃烧的曳光弹可以点燃植被、无装甲的车辆和木质结构的建筑。前沿部队经常使用曳光弹来为迫击炮、步兵炮和坦克指引目标（向目标发射一串曳光弹或两串交叉的曳光弹），或者用两挺机枪发射曳光弹来标记目标区域的两侧。德军有一种欺骗性战法，即用机枪向空中短点射曳光弹，以引诱敌军巡逻队探查接触线，然后再让其他人用无曳光剂的弹药直射敌人。夜间在战线前方活动的德军巡逻队会安排己方区域内的一挺机枪在指定时间或接到相关命令时，沿指定的方位角向一个山头或其他未被友军占领的显眼位置用曳光弹进行远距离射击。他们这么做并不是为了帮巡逻队指引目标，而只是将弹着区域作为一个能被识别出来的参考点。这能够帮助巡逻队确认自己的位置和运动方向。此外，德军偶尔还会以大角度发射曳光弹，为巡逻队提供一个夜间导航的参考点。

常言道："曳光弹照亮两头。"这句话的意思是，敌军也能够通过曳光弹发现开火者的位置。不过，在多种武器（包括发射普通子弹的步枪）同时开火时，敌军很难确定发射曳光弹的机枪的具体位置，更别提在通过曳光弹来寻找机枪的位置时还必须考虑发射角度的问题了。在一次战斗中，美军用一挺四联装0.5英寸高射机枪来支援步兵进攻，其机枪班组在战斗前并不打算使用曳光弹，以免在对目标实施火力压制时暴露自己的开火位置。但后来，他们又被要求一定要使用曳光弹，因为这样做不仅能极大鼓舞己方士气，还能严重打击敌方士气。

美军和英联邦军队主要使用红色曳光弹，不过美军在二战初期使用了一些绿色曳光弹。德国人使用的曳光弹会先发红光再发绿光，或者先发绿光再发红光。苏联红军主要使用红色曳光弹，但有些曳光弹会先发红光再发绿光（二战结束后，苏联红军才开始使用纯绿色曳光弹）。

迫击炮

有报告显示，各国军队常常害怕敌军迫击炮，却轻视己方迫击炮的威力。这可能是因为迫击炮炮弹的爆炸威力比其他炮弹的小。但实际上，相比其他呼啸而来的炮弹，迫击炮炮弹在飞行时几乎是无声的。因此，迫击炮会给交战双方都造成大量损失。迫击炮之所以重要，主要是因为它可以投射大量的间接火力。不过，因为射击精度略差，所以迫击炮的弹药消耗量较高，其班组人员的负重也更重。除了重型迫击炮，大多数迫击炮都能够被分解成可由2—4个人背负的部件。可大角度射击的迫击炮，非常适合被用来攻击位于隐蔽物中或死角处的目标，如位于山头和山脊后方的敌人、躲在沟壑中的敌人，以及被林木或建筑物遮挡的敌人。

苏联红军战士正用RM-41发射一枚1磅14盎司重的高爆弹。RM-41是苏联设计的四种50毫米轻型迫击炮（RM-38、RM-39、RM-40和RM-41）中的最后一款，它取消了早期型号的两脚架，其炮管可直接固定在座钣上。RM-41只有两个角度（45度和75度）可调，而且只能通过排气口调节射程（最短50码、最长875码）。RM-41整体重22磅，可被单个士兵用背架带走。苏军的四种轻型迫击炮都被德军缴获并使用过，德军还为它们制作了专用瞄具，并称其为"土豆抛射器"（因为它们发射的炮弹在空中看起来像土豆）。

    虽然迫击炮被视为一种轻型火炮，但其炮弹和普通炮弹的构造完全不一样。普通炮弹的弹壳较厚，可以承受发射时的高压，能以较小的装药量产生大块的破片。迫击炮炮弹的外壳相对较薄，装药量相对较大，在爆炸时能产生许多小块破片。除了能对人员产生致命的杀伤效果外，重型迫击炮的炮弹还能有效摧毁建筑物和野战工事（有时候，重型迫击炮也会被用来破障）。炮弹的入射角度会影响其杀伤半径，由于迫击炮炮弹的弹道比普通炮弹的弹道更陡峭，所以它们爆炸后产生的冲击波与破片的杀伤范围更均匀；普通炮弹不仅入射角度较小，杀伤范围比较不规则，而且其产生的大部分冲击波和破片都会飞向炮弹飞行方向的前方——虽然有一部分冲击波和破片会飞向两侧，但很少会飞向后方。

    带有瞬时引信的迫击炮炮弹在坚硬的地面上几乎不会产生弹坑，因此只需要两层沙袋就能防住迫击炮炮弹从顶部发起的攻击。在二战时，迫击炮炮弹很少使用延时引信（这种引信可以让炮弹穿透顶部覆盖物后，于掩体内引爆）。使用迫击炮来摧毁一个掩体，那就需要多次命中目标——通常是以炸塌掩体侧面的方式来摧毁掩体。不过，迫击炮的弹着点散布范围很广，很难多次命中同一目标。虽然迫击炮不适合攻击点状目标，但却是有效的面杀伤武器。例如，美军第30步兵师在亚琛附近突破齐格菲防线时，第92化学营的4.2英寸迫击炮就有效地清理了德军密集的铁丝网。当美军步兵发起进攻时，他们已经不需要使用爆破筒和剪线钳来打开缺口了。之后，迫击炮还在他们的前进方向上提供了一道徐进弹幕。

德军在实施防御时极度依赖迫击炮，因为迫击炮不仅比普通火炮的响应速度更快，在通信手段有限的情况下更容易操控，还可被用于反击敌军炮击。盟军曾多次遭遇在用迫击炮向德军阵地开火时，德军迫击炮迅速发起反击的情况。这导致盟军部队以为自己遭到了己方误击，从而呼叫迫击炮停止射击。

50毫米或60毫米迫击炮炮弹很快就被证实对碉堡几乎没有破坏效果，因为这些炮弹太轻了，难以穿透碉堡外墙。美军的81毫米迫击炮与大多数二战交战国的迫击炮一样，主要使用的是轻型高爆弹。不过，美国是唯一一个使用了三倍装药量81毫米重型迫击炮高爆弹的国家。美国M56重型高爆弹配上0.01秒延时引信，能有效穿透掩体顶部，但这种炮弹也会加速炮管的磨损。

在一个被仓促挖出散兵坑中，一门英国3英寸Mk II迫击炮正以低角度攻击远距离目标。Mk II的重量为126磅，其炮管的长度为46.85英寸。在发射10磅重的高爆弹时，其最小射程为275码，最大射程为2750码。诺曼底登陆前夕，Mk II及时改用了一种新型座钣，这可以使迫击炮手更容易跟上步兵连的前进步伐。（汤姆·莱姆莱茵，Armor Plate出版社）

1945年2月，美国陆军化学迫击炮营的一门107毫米重迫击炮正在发射白磷烟幕弹，以便快速制造一道烟幕来遮挡莱茵河守军的视线，并掩护美军乘舟渡河。外号"四寸炮"的107毫米迫击炮能以每分钟五发的射速持续射击20分钟，然后不限时间地以每分钟一发的射速继续发射——这一射速能有效补充野战炮火力。注意看照片中的炮弹：高爆弹是灰橄榄色的，白磷烟幕弹是浅灰色的，但两者都带有黄色标记。这门107毫米重迫击炮重330磅，炮管长40英寸，它所使用的高爆弹重24磅8盎司，其最小与最大射程分别为600码和4400码。作为对比，英国的4.2英寸Mk Ⅲ重320磅，炮管长61.6英寸，炮弹重20磅，最小与最大射程分别为1050码和4100码。苏联后来制造了107毫米PBHM-38型迫击炮，用于替代山地部队中的120毫米迫击炮。（汤姆·莱姆莱茵，Armor Plate出版社）

迫击炮还配有喷射式烟幕弹和爆炸式烟幕弹，用于掩护部队行动与阻碍敌军观察。白磷烟幕弹（白磷弹）能够把温度高达2760摄氏度的燃烧黏稠物撒进无顶部防护的阵地，烧穿敌军人员的肉体与骨头。如果有人试图擦掉黏住的燃烧物，这反而会使情况变得更糟。虽然可通过将燃烧物浸入水中或泥浆中、在燃烧物上覆盖湿布或涂抹凡士林等方式暂时熄灭火焰，但一旦燃烧物恢复干燥状态，就马上又会复燃。美国、英国和苏联都使用过白磷烟幕弹，但德国没有生产白磷烟幕弹的能力。上述各国的喷射式烟幕弹都含有六氯乙烷（HC）。至于爆炸式烟幕弹，英国和德国使用的是四氯化钛（FM），美国使用的是四氯化钛和三氧化硫-氯磺酸（FS）。这类化学药品在通过小型爆炸被分散于空气中时能形成白色烟云，但不会产生与白磷烟幕弹一样的燃烧效果。爆炸式烟幕弹生成烟幕的速度快，但喷射式的炮弹能制造更持久的烟幕。白磷烟幕弹制造的烟幕最浓密，但在高温作用下会很快往天上飘。

步兵炮

作为"步兵的轻型火炮"，在使用高爆弹和烟幕弹进行间接射击时，步兵炮的效果和迫击炮的效果相同。步兵炮还可用于向工事、班组人员和障碍物进行直接射击。步兵炮使用的高爆弹的射程比大多数迫击炮炮弹的射程远，但前者战斗部的装药量比后者的少。此外，步兵炮使用的烟幕弹产生的烟幕也更少。步兵炮大多可发射空心装药破甲弹（HEAT），但较短的炮管限制了其射程与精度。在比反坦克炮的射界更小的情况下，步兵炮的横向移动速度也更慢。步兵炮的射速比传统火炮的射速快，但比迫击炮的射速慢。德国战俘经常提到他们的步兵炮单位要么投入太少，要么对于战斗的贡献很小：这或许没错，但也可能是他们误把步兵炮当作了传统火炮或迫击炮。

美军迫击炮炮弹和榴弹炮炮弹对比				
	81毫米迫击炮	81毫米迫击炮	75毫米榴弹炮	105毫米榴弹炮
	M43A1轻型高爆弹	M56重型高爆弹	M48高爆弹	M1高爆弹
发射药重量	6.92磅	10.62磅	14.7磅	33磅
战斗部装药量	1.22磅	4.3磅	1.47磅	4.8磅

美国 75 毫米 M1A1 驮载榴弹炮，在二战初期被配发给了步兵团的加农炮连。照片中的这门 M1A1 正在对近距离的敌军目标直接开火。由泥土、原木和沙袋构成的野战工事很难承受多发高爆弹的直接轰击。（汤姆·莱姆莱茵，Armor Plate 出版社）

死神天降：空爆炮击

火炮和迫击炮的高爆弹在空中爆炸时是极其致命和恐怖的。炮弹空爆时产生的大部分破片是向下飞射的，而触地爆炸的炮弹产生的破片会钻进地里或向上飞起。一颗高爆弹在离地 20—40 英尺的高度爆炸时所产生的破片的覆盖半径，比它触地爆炸时所产生的破片的覆盖半径大 2—3 倍（这取决于炮弹爆炸时的高度）。因此，空爆的炮弹对位于开阔地上的部队，以及处在无顶部防护的散兵坑、战壕和武器工事中的部队而言尤其致命。触地爆炸的炮弹除非直接命中目标或在极近距离内爆炸，很难对上述目标造成伤害。

在遭到炮击时，士兵需要张嘴并用双手轻轻捂住耳朵，以平衡身体内外的气压，防止耳膜因受到严重震荡而破裂。不过，在面对空爆炮击时，耳膜破裂的情况会减少。士兵不可以蜷缩在工事的底部，而应采取坐姿或蹲姿，并让头的位置略低于地面：这样一来，当炮弹在工事附近爆炸，并将泥土掀入工事里或将工事的侧壁弄塌时，士兵还能抬头呼吸，不至于被活埋。一颗触地爆炸的炮弹产生的冲击波会带着石块和其他碎片飞离地面，从而杀伤匍匐的人员或让站立的士兵腿部受伤。在开阔地遭到炮击时，士兵可以卧倒；但在面对空爆的炮弹时，这样做反而会增大被击中的面积，所以士兵应当紧靠树木站立，然后祈祷自己能得到幸运女神的青睐。

让炮弹"空爆"的方法有几种。普通火炮的高爆弹可以安装机械延时引信。这种延时引信需要手动设置，而具体的延迟时间则需要火力指挥中心按照射表来计算。这类炮弹引信因价格昂贵而难以大量供应。因此在二战时，所有军队都缺乏用于迫击炮炮弹的机械延时引信。各国军队在欧洲战区更经常使用的办法是"树木爆裂法"。欧洲大部分地区都被森林和果园覆盖，而在树林中驻守的部队又很容易遭到打击。采用"树木爆裂法"时，被炸飞的树枝和树梢会与炮弹破片一起杀伤人员，树干被炸裂后产生的几英尺长的碎片还会像长矛一样四处乱飞。因此，在树林里驻守的士兵需要增加顶部防护。各国军队学会了使用原木、树枝、废弃板材、房门、百叶窗和床垫来覆盖阵地顶部——在这种"临时屋顶"上覆盖压扁的纸箱或几层报纸，再覆盖一层一英尺厚的泥土，还可以"防水"。传统观点认为，应对"树木爆裂法"的办法是在开阔地挖工事，而不是在树林里挖工事。不过，这样做会让阵地更容易暴露，也会让敌军前进观察员更容易指引迫击炮和火炮实施火力打击。

另一种制造空爆效果的办法是"跳弹射击"。在离敌军阵地不远的地方，炮组成员有意识地以低角度直射，就可以让步兵炮实现"跳弹射击"——炮弹有可能在击中地面后反弹到空中爆炸。不过，这在泥地或雪地环境中无法奏效，而且无论如何，都要使用一种特殊的延时引信（需要预先设置几分之一秒的延迟时间）才可能实现。这种引信原先的用途是"引爆穿透野战工事的炮弹"，但大多数军队的反坦克炮炮弹和步兵炮炮弹都缺乏这种引信。

德国人拥有一种独特而稀少的空爆迫击炮炮弹——8厘米Wurfgranate 39（大意是"弹跳弹丸39型"）。这种炮弹既不需要计算延迟时间，也无须手动设置。这种炮弹可用普通方式发射，但是在撞击地面后，一个小药包会将弹头帽炸开并将弹头抛回空中。一个延时引信（延迟时间为零点几秒）会在弹头离地5—10英尺（也有资料称是15—20英尺）的时候将其引爆。这种炮弹十分昂贵，很少被用于实战。

反坦克炮

反坦克炮要在远距离上击中移动的坦克，"高初速和高精度是必不可少的条件"，而理想的情况是炮弹能击中坦克特定的弱点。不过，当目标坦克在崎岖地形上行进时，这几乎不可能实现。小口径穿甲弹通常使用实心弹头，但在实战中，这类弹头常常在目标表面破碎或被弹开。"被帽"穿甲弹的头部有一个平钝而柔软的金属被帽：在撞击目标时，被帽会变形以降低跳弹的概率，并分散冲击力以防止穿甲体破碎。大多数穿甲弹都装有曳光剂，以辅助调整射击方向。大口径穿甲弹（口径在57毫米及以上）为了增强穿甲后效，通常会装有带弹底引爆引信的小号装药——当穿甲体钻入装甲战斗车辆后，装药会被引信引爆。

大多数反坦克炮也配备了高爆弹（用来攻击碉堡、建筑物和人员），但效果较差——因为这类炮弹装药少，产生的破片数量也有限。苏联将反坦克炮的口径定为45毫米，而不是大多数国家的37毫米，主要就是考虑到了较大口径的高爆弹有更好的杀伤效果。

一门被废弃的苏联45毫米M1937反坦克炮早期生产型（采用辐条轮）。由于该炮的穿甲性能较差，它和更早期的37毫米反坦克炮一起被戏称为"再见，祖国"。从1942年起，M1937被改进型45毫米和57毫米反坦克炮取代，但在整个二战期间，M1937仍被作为步兵支援武器使用。苏联的37毫米和45毫米反坦克炮，是以德国的3.7厘米Pak35/36为原型仿制的，而德军也经常把缴获的苏联45毫米反坦克炮改名为4.5厘米Pak184(r)继续使用。（汤姆·莱姆莱茵，Armor Plate出版社）

反坦克枪

除了重量重、体积大之外，反坦克枪还存在穿深较浅，以及因弹头相对较小而导致的穿甲后效不足的问题。德国的 7.92 毫米穿甲弹使用了强劲的发射药，但就算它穿透了装甲也产生不了什么效果：小口径弹头在坦克内部弹跳，除了击中一两个乘员外，几乎不会造成什么破坏性影响。一些德国的 7.92 毫米穿甲弹实际上还"包含有一颗催泪弹"，但这种催泪弹几乎没有什么作用，以至于英国军械专家在拆解缴获的弹药后，才发现了它的存在。英国的 0.55 英寸穿甲弹和苏联的 14.5 毫米穿甲弹更有杀伤力，尤其是后者，因为其标准的子弹是穿甲燃烧弹（发射药药筒甚至比一些 20 毫米炮弹的还要大）。2 厘米索洛图恩 S-18/100 反坦克枪曾被德国、保加利亚、意大利和荷兰等国的军队少量使用过——虽然该枪的口径较大，但其使用的仍是实心弹头。

德国 7.39×94 毫米 PzB39 反坦克枪是一种单发射击的栓动武器，重 27 磅 4 盎司。在机匣两侧倾斜安装的是两个弹药盒，容量共 10 发，不过实战中常常只保留一个弹药盒或者两个都不装。PzB39 能够在 100 码处穿透 30 毫米厚的装甲。作为对比，英国的 13.9 毫米"博伊斯"反坦克枪重 36 磅，使用五发弹匣，在 300 码外的穿深为 21 毫米。德军在 1942—1943 年撤装了反坦克枪，取而代之的是"铁拳"和"战车噩梦"。不过，一种反坦克枪的改进型 GrB39 能够发射 30 毫米尾翼穿甲弹（反坦克枪榴弹）和 40 毫米、46 毫米或 61 毫米空心装药弹。这类弹药在 300 码外的穿深为 70—120 毫米。（汤姆·莱姆莱茵，Armor Plate 出版社）

反坦克火箭筒（反坦克火箭发射器）

　　轻型步兵反坦克炮和反坦克枪最终被便携式肩扛火箭筒和无后坐力武器——巴祖卡火箭筒、PIAT、"战车噩梦"和"铁拳"所取代（苏联红军直到二战后才装备此类武器，但二战期间，他们曾从美国获得过少量的巴祖卡火箭筒）。这些武器便携、易用且造价便宜。通过潜行和谨慎使用隐蔽物，步兵在偷偷靠近装甲战斗车辆后，就能用这类武器攻击装甲车辆薄弱的侧面和后部。当然，火箭筒也有弱点：它们的射程相对较短，在最大射程上射击时的精度又不够，而且带有一些显著的发射特征——火焰、烟雾和尾喷气流激起的尘埃（如果粗心的使用者忘记在自己身后留出足够的空间，尤其是当他们处在建筑物或防御工事内时，尾喷气流就会变得十分危险）。但毕竟从此时开始，一件单兵武器已经有了需要卡车牵引的反坦克炮所不具备的优势。

左边的射手扛着的是一具 2.36 英寸 M1A1 火箭筒，右侧的美国士兵扛着的则是 M9A1。M9 和 M9A1 在 1944 年年初投入战场，它们较长的身管带来了更远的射程，而改进后的电激发系统又将其射速增加了一倍，达到了每分钟 10 发。不过，一些美军单位即便在获得了 M9 后，仍保留了一些 M1A1——两者的火箭弹是可以通用的。（汤姆·莱姆莱茵，Armor Plate 出版社）

此类武器依靠向目标投射大口径（通常可达4—5英寸）空心装药破甲战斗部来摧毁装甲车辆。这种弹药的一大限制是命中目标的角度与垂直线的夹角不得大于30度。超过这个角度，弹头常常会在没被引爆的情况下从目标表面弹开。随着使用倾斜装甲的坦克越来越多，火箭弹也越来越频繁地在击中目标后被弹开（多数士兵无法理解这点，只认为火箭弹是因装甲太厚而被弹开的）。一发空心装药弹成功在击穿装甲后，只会在装甲表面留下一个很小的圆孔，但它喷出的射流连同熔化的弹头、锥形弹头空腔的药罩和碎片会通过这个小孔一起进入装甲车辆内部，并产生爆炸超压。这种情况在大多数时候并不致命，但如果熔化物和射流击中了车内储存的弹药并将其引爆，就会造成灾难性后果。

火力支援单位

本节将讲述二战主要参战国的陆军步兵火力支援武器在团建制内，从最低到最高层级梯队的分配。火力支援单位会被细分为多个装备了1—4件火力支援武器的子单位。这种子单位会在行动中负责支援一个特定的步兵梯队。之所以将火力支援单位编成多个拥有1—4件火力支援武器的分排或者排，主要是为了让其可以一起覆盖指定的射击区或目标区，以确保在其中一件武器失去战斗力或进行转移时，支援火力不会中断。在某些情况下，某种火力支援武器可能会被分配到两个分排中去，这两个分排会被配属给位于阵地前沿的两个步兵连，而不会被用来加强担任预备队的步兵连。假如有三个火力支援分排，则可为每个步兵连分配一个分排，但实际情况并非总是如此。可能是两个分排被配属给主攻连，一个分排被配属给助攻连，或者前沿两个连各自获得一个分排的支援，而第三个分排则由营部直接掌握。

根据任务、敌军的抵抗强度和战术、火力范围、地形、能见度、植被密度和天气情况的不同，各种火力支援子单位可以进行不同形式的部署。根据上述因素，通常有必要对特定前沿单位进行专门加强。在某些情况下，对一个团的预备营进行特别加强比支援主攻营更为可取：先导主攻营需要强行突破敌军的主要防线；预备营将在敌军防线被突破后立即投入作战，负责在敌军的防御纵深继续攻击，夺取重要目标，并在整个过程中击退敌军的任何反击。

在实施防御时，火力支援子单位也不一定要被平均分配到前线单位中。反坦克炮会被优先部署到防区内有公路或其他通道的步兵连中，而不是部署到位于茂密森林中（这里只有步兵才能穿过并发起进攻）的步兵连里。将火力支援武器部署在合适的位置，可以使其覆盖更宽的正面。火力支援武器靠后部署，可以增加防御的纵深，并掩护前沿阵地和经过本单位阵地通往前沿阵地的通道。火力支援武器也可用于保护部队暴露的侧翼或相邻部队结合部的空隙。除了前沿或纵深防御阵地外，火力支援武器还可以配属给掩护部队或位于主阵地前方的作战前哨。在此，火力支援武器可以瓦解和削弱挺进中的敌军，迫使他们提早转换成移动速度较慢的分散队形。而且，这种部署方式还可以隐藏主阵地的位置。

不同国家的军队所使用的术语的差别很大。火力支援连通常会下辖三到四个排，而火力支援武器班组根据军队和武器类型的不同会有很多种叫法。

在美国陆军中，大多数操纵班组武器的最小单位是"班"（Squad）。一个机枪组、一个迫击炮组或一个反坦克炮组，就等同于一个班。不过，BAR 和"巴祖卡"班组会被称为"小组"，例如"BAR 小组"。此外，大多数操纵班组武器的班都会进一步组成"分排"，一个分排会下辖两到三个只有一件班组武器的班，并由一个士官指挥。

通常来说，一个火力支援排会下辖两到三个分排。不过，在团属加农炮连中，一个榴弹炮班组就是一个分排，一个排下辖两个分排（这是沿用了野战炮兵的惯例，但实际上在炮兵部队中，连以下并没有排这一组织，一个连会直接由四个"火炮分排"组成）。

英国及英联邦军队称其班组武器的操作单位为"小分队"（Detachments），而两个小分队又组成一个分排。每个中型机枪排、迫击炮排和反坦克炮排，均下辖三个分排。在步兵排中，只有两三个人的武器（如布伦轻机枪、反坦克枪、PIAT 和 2 英寸迫击炮）操作单位会被称为"小组"，例如包含一个射手（"1 号"）和一个副射手（"2 号"），并由一名下士带领的"布伦轻机枪小组"。

苏军与班对应的单位是"Otdeleniye"，而排则被称为"Vzvod"。苏军称机枪、迫击炮和反坦克炮班组为"组"（Rasschet），但很多时候他们会用武器的名字来称呼这类单位（例如称"迫击炮组"为"迫击炮"）。在苏军的火力支援单位中，一个排会下辖两个反坦克炮或步兵炮组，抑或三到四个机枪或迫击炮组。在苏军中，并没有与美国或英国的分排相对应的编制。

德军的重机枪排（Schwere Maschinengewehr-Zügen）由四个机枪组组成。这四个机枪组经常分成两队作战，因此每一队又被称为"半排"(Halbzug)——相当于美军和英军中的分排。

德军称迫击炮组为迫击炮"小队"（Truppen）。德军的一个迫击炮排会下辖三个班(Gruppen)，每个班拥有两门迫击炮。至于反坦克炮组和步兵炮组，则常常被德国人简称为加农炮（Kanone）和火炮（Geschütz）。此外，德国人也会称武器班组为队（Mannschaft，这是一个源自船员和运动员队伍的术语）。

在德军中，轻机枪小组隶属步枪班，而排属轻型迫击炮或反坦克枪小组则被叫作"小队"。不过，二战末期的坦克猎杀小队(Panzer-Zerstörer-Trupp)是一个例外——它是由三个"战车噩梦"两人小组 (Schützen für Panzerschreck)组成的。

编制——从班到团

美国陆军

虽然美军火力支援单位的编制和武器配置均参考了德军的标准，但仍然与德军存在一些差异。美军每个步兵班均配备了一支 0.30 英寸 M1918A2 勃朗宁自动步枪（个别步兵班会配备两支该自动步枪），以及一到三具 M7 枪榴弹发射器。

1942 年年末，美军开始装备 2.36 英寸巴祖卡火箭筒，但很多单位直到 1943 年中期才获得了该武器。步兵连的武器排排部有三具巴祖卡火箭筒，但未指定专门人员操作，只在必要的时候才将其下发给步兵排。1944 年 2 月，巴祖卡火箭筒被从武器排中撤装，换成由步兵连连部配备（五具）。它们由经过训练的步兵班人员操作。有的营部连下属的弹药与工兵排，会组建巴祖卡火箭筒小组或机枪小组（使用的是从营部的卡车上拆下来的 0.5 英寸机枪）。

美军步兵连的武器排下辖一个包含两个班的轻机枪分排，拥有两挺使用三脚架的 0.30 英寸风冷式 M1919A4 机枪。1944 年年末，一些部队获得了可抵肩射击的、使用两脚架或三脚架的 M1919A6。武器排的迫击炮分排拥有三门 60 毫米 M2 迫击炮，这些武器通常由连部直接指挥。单独的迫击炮班很少被分配给步兵排，不过可能会被分配给执行巡逻任务或在主要抵抗线前哨驻守的步兵班。在防守中，迫击炮分排会将两门或三门迫击炮集中在敌军的接近通道附近。如果步兵连防守的正面地域过于宽大，那么每个排可能都会获得一门 60 毫米迫击炮。

步兵营的重武器连（分别为每个步兵团的 D、H 和 M 连）拥有两个重机枪排，每个排拥有四挺勃朗宁 0.30 英寸水冷式 M1917A1 机枪，每半个排为一个分排。每个前沿步兵连会配备一个重机枪排或一个重机枪分排，营部也会控制一个用作一般支援的重机枪排。发起进攻时，攻击连会得到一整个重机枪排的支援，而另一个重机枪排则作为一般支援。有时候，第二个重机枪排的一个分排会被分配给预备队连（另一个分排仍由营部直接掌握）。如果因为地形原因无法靠前使用重机枪，那它们就会被部署在后方，负责保护侧翼和结合部，或者提供曲射火力支援。

重武器连的迫击炮排下辖三个分排，每个分排都有两门 81 毫米 M1 迫击炮。虽然可将各分排分配给步兵连以提供直接支援，但美军通常不会这样做（因为步兵连自己也有三门 60 毫米迫击炮）。M1 迫击炮在集中使用时发挥的作用更大，而且通常一个营的正面也不会超过M1迫击炮的火力覆盖范围。每挺重机枪和每门81毫米迫击炮，都配有一辆0.25吨卡车（或吉普车）和一辆拖车。

营属支援火力的另一个要素是营部连下属的反坦克炮排。起初，该排拥有四门37毫米M3A1反坦克炮。1943年中期，这些反坦克炮被三门57毫米M1反坦克炮汰换。反坦克炮排之所以直属于营部连而非重武器连，是源于二战初期德军装甲部队造成的恐慌被过分夸大：直属于营部的反坦克炮排，会让人感觉到军队对反坦克防御战的重视。在作战时，重武器连经常会把各下属单位交给步兵连或营部指挥。连指挥官负责向营指挥官提出关于重武器部署的建议。那时候，一些新手营长会尝试将重武器连作为一个整体来使用，但这极大限制了重武器性能的发挥并削弱了步兵连的能力。

本照片于1945年在德国拍摄。一个美军步兵营有六挺口径为0.5英寸的M2勃朗宁风冷式重机枪。M2勃朗宁风冷式重机枪原先是被用于防空的，可通过M1防空适配器安装于M3三脚架上。所有的0.5英寸重机枪都配有三脚架。有时候，来自营部连的志愿者会组成临时机枪分排，负责为步兵连提供支援。0.5英寸重机枪的有效射程可达2000码，其发射的子弹能够穿透许多0.3英寸机枪子弹无法对付的覆盖材料。不过0.5英寸重机枪在前线的机动性是一个大问题：该枪的枪身重84磅，三脚架重44磅，每个装满105发子弹的"墓碑式"弹药箱重35磅。（汤姆·莱姆莱茵，Armor Plate 出版社）

在美军中，团属加农炮连是一个特殊的存在。美军直到1942年4月才引入这一编制，很多步兵团直到1943年中期甚至更晚才成立加农炮连——起初一个团属加农炮连仅装备六门75毫米M1A1驮载榴弹炮。1943年3月，有人提议取消团属加农炮连，并在团部连增加三个独立的榴弹炮排，但这样做不利于进行有效的集体训练和火力的集中规划与协调。从1943年7月起，团属加农炮连的75毫米M1A1驮载榴弹炮逐渐被105毫米M3榴弹炮取代。这种"塌鼻子105"火炮的炮管比标准的105毫米M2A1榴弹炮的炮管短，因此其射程也有所缩短——从12200码缩短到了8295码。M3榴弹炮使用了75毫米驮载榴弹炮的炮架，但没有加装防盾。团属加农炮连可为步兵团提供直接和间接火力支援，并在师属炮兵缺席时（很少出现这种情况）提供有限的炮火支援。团属加农炮连经常接受师属炮兵的指挥。

团属反坦克炮连最初配备的是4门37毫米反坦克炮，从1943年中期开始，这些反坦克炮逐渐被3门57毫米反坦克炮取代。团属反坦克炮连中的每个班组均配备了一具用于近距离防卫的火箭筒。二战后期，由于德军装甲部队的威胁较小，反坦克炮连的参战次数有限，甚至盟军在法国时也是如此，即便那里有更多的德军装甲部队。反坦克炮常被用来摧毁野战工事——用高爆弹和穿甲弹直射德军守卫的建筑物。反坦克炮连还下辖了一个负责布置和扫除地雷的布雷排。美军的团属反坦克炮连和营属反坦克炮排经常收好火炮，派班组人员去加强步兵单位——参加诸如肃清占领区、搜捕狙击手、警卫后方区域和押送战俘等的行动。57毫米反坦克炮和105毫米榴弹炮都是使用1.5吨货运卡车牵引的。

在美军用于支援步兵团的非师属支援火力中，由化学勤务部队负责运作的化学营（摩托化）是一项宝贵的资产。起初，一个化学营拥有四个连，每个连由三个排组成，每个排均拥有四门4.2英寸M1A1（1939年）或M2（1943年）化学迫击炮——外号"四寸炮"或"暴徒炮"。1944年12月—1945年2月，各化学营的D连被抽调出去，以组建更多的化学营。1942年2月—1945年9月，美国陆军组建了32个化学营（1944年9月—1945年4月，化学营改名为化学迫击炮营），其中有21个营参加了实战。通常来说，一个师会下辖一个化学迫击炮营，但有时一个化学迫击炮营会被分给两个师。一般情况下，一个步兵团会得到一个化学迫击炮连的支援。虽然4.2英寸迫击炮是为了投放化学战剂和烟幕弹而研发的，但美军于1942年批准用该迫击炮发射高爆弹，使其变成了宝贵的支援武器。化学迫击炮营发射高爆弹和白磷烟幕弹的速度比105毫米榴弹炮营还快，只不过迫击炮的射程比榴弹炮的射程近了很多（前者4400码，后者12200码）。

英国、英联邦和自由波兰的军队

英联邦及自由波兰的军队都采用了和英国军队一样的体系，即每个步兵排下辖三个班，每个班各有一挺布伦轻机枪。排指挥部有部分轻武器储备，通常每种武器都由专人使用，但有时指挥部也会派一些人去操作所有可能需要投入使用的武器。从1938年开始，排指挥部的武器储备里新增了一门2英寸Mk Ⅱ手持迫击炮——这门炮主要用于发射烟幕弹和照明弹，偶尔会发射高爆弹。此外，步兵排还会将2—3支带有杯形发射器的步枪提供给步兵班使用。从1937年开始，每个步兵排都可以额外得到一支13.9毫米"博伊斯"反坦克枪（Mk Ⅰ）。

1941年时，"博伊斯"反坦克枪已经过时了，但它直到1943年中期才开始被PIAT取代。不过，仍有一些"博伊斯"反坦克枪被保留了下来，用于对付弱装甲目标。英军没有武器排，其火力支援武器最初都集中在营部连里。从1943年开始，英军步兵营增加了一个营属支援连。该支援连编成内有一个由三个分排组成的迫击炮排，而每个分排拥有两门3英寸（实际上是3.2英寸）Mk Ⅱ迫击炮。最初，英军使用0.75吨轻型卡车来运载这些迫击炮，后来又改用通用载具来进行运输。每个迫击炮分排还配有一支"博伊斯"反坦克枪，以用于近距离防卫。在英军步兵营编成内，四个步兵连中的三个连通常都会各配备一个迫击炮分排。其中，主攻连可能会获得两个迫击炮分排的支援。支援连的反坦克炮排下辖三个分排，每个分排拥有两门6磅Mk Ⅱ反坦克炮（使用罗伊德履带式载具牵引）。直到1942年年末，英军的2磅反坦克炮才被全面替换。此外，支援连还拥有一个负责爆破和完成简易建筑工作的工兵排，以及一个拥有13辆全履带式通用载具的多用途载具排。多用途载具排的武器包括13挺布伦轻机枪、4门2英寸迫击炮和4具PIAT。

师属机枪营可为英军步兵营提供机枪火力支援。英军师属机枪营下辖三个机枪连，每个连下辖三个各有四挺机枪的机枪排。三个机枪连各被分配给一个步兵旅，然后各机枪排又会被分配给一个步兵营。中型机枪排分为两个各有两挺机枪（每挺机枪均配有一辆通用载具）的分排，排指挥部（有一具PIAT）拥有两辆通用载具，分排指挥部也有一辆通用载具，因此整个排共有八辆通用载具。中型机枪既可以部署在地面上，也可以安装在载具上，用于机动作战。同样的，在1944年之前机枪排使用的还是轻型卡车，不过分排指挥部那时没有车可用，"博伊斯"反坦克枪也还未被PIAT取代。一个特定的中型机枪排可能会伴随同一个步兵营很长的时间。

英国的51毫米迫击炮可用一根简单的拉发杆操纵发射，它赋予了步兵排在枪榴弹的射程外发射高爆弹、烟幕弹和照明弹的能力。本照片为1944年10月，英军第11装甲师蒙茅斯郡团第3营的迫击炮组在荷兰使用这种武器时的场景。二战末期出现的Mk Ⅶ型51毫米迫击炮重10磅4盎司，炮管长21英寸，可将一发2磅4盎司重的高爆弹发射到50—500码处。不过，这种高爆弹的威力比手榴弹的威力大不了多少。因此，51毫米迫击炮施放烟幕弹和照明弹的功能要更有价值一些。该迫击炮的后期型取消了早期型的矩形座钣，增加了手柄与视准式瞄准具——士兵只需要倾斜炮管，通过画在炮管上的白线即可进行瞄准。（帝国战争博物馆BU1233）

一辆英军师属机枪营的通用载具安装了一挺可在车上使用的 7.62 毫米维克斯 Mk Ⅰ 中型机枪。该载具上还存放了一具 Mk Ⅳ 三脚架（供机枪被卸下后使用）。维克斯 Mk Ⅰ 中型机枪加三脚架的重量为 83 磅，冷却水重 7 磅。在使用 250 发装的弹带时，该机枪的循环射速为每分钟 450—550 发，但按照通常的射速，每两分钟会消耗一条弹带——以 6—8 秒的间隔打一个 25—30 发的点射（持续 4 秒钟）。1944 年时，一个维克斯机枪排的八辆通用载具能将排里的四挺机枪外加 144 条弹带（36000 发子弹）运到前线。（汤姆·莱姆莱茵，Armor Plate 出版社）

此外从 1943 年中期开始，英军师属机枪营增加了一个下辖四个排的迫击炮连，每个排拥有四门使用卡车运输的 4.2 英寸 Mk Ⅲ 迫击炮。与美军相同的是，这些迫击炮原属于化学战部队（皇家工兵化学战部队）。通常情况是四个迫击炮排中的三个排会被分别配给一个步兵旅，而第四个排则用于一般支援或增援主攻方向。迫击炮能够快速投射密集的高爆弹和烟幕弹，但常有报告称由于英军的野战炮兵数量较多，4.2 英寸迫击炮在 1944—1945 年间并未得到充分利用。

英军师属反坦克炮团拥有四个炮兵连，每个连又下辖三个各自拥有四门反坦克炮的排，整个连共 12 门反坦克炮。在不同时期和不同步兵师之间，师属反坦克炮的口径会有一些差异。大多数炮兵连会下辖两个 6 磅炮排和一个 17 磅炮排。从 1944 年年初开始，英军师属反坦克炮团的四个炮兵连有以下几种装备分配方案：每个连各持八门 6 磅炮和四门 17 磅炮；两个连持 12 门 6 磅炮，两个连持 12 辆 M10 坦克歼击车；每个连持八门 6 磅炮和四辆 M10 坦克歼击车。最终，大多数英军师属反坦克炮团编成内的炮兵连，均装备了四门 6 磅炮和八门 17 磅炮。加拿大步兵师的师属反坦克炮团，拥有 18 门牵引式 17 磅炮和 18 辆"阿喀琉斯"17 磅坦克歼击车（换装 17 磅炮的 M10 坦克歼击车），每个炮兵排都拥有六门反坦克炮。

1945 年 3 月，在莱茵河东岸韦瑟尔附近的英国第一突击旅的一个维克斯机枪分排。他们戴着绿色贝雷帽，身穿丹尼森伞兵迷彩罩衫。照片中的机枪的三脚架已经过调整，能够让机枪贴近地面开火。注意，这些机枪已安装了二战末期出现的"帕拉贝鲁姆"消焰器。250 发装的弹药箱被英军称为"邮轮"——它们是紧紧包裹着薄金属罐的轻型木制手提箱，金属罐上焊接了一个可以撕开的盖子。因为英军空降部队和突击队经常不得不分散作战，所以中型机枪不属于旅属机枪营，而是分布在各支队伍中。（帝国战争博物馆）

158

1943年年初，17磅Mk Ⅰ反坦克炮进入英军服役，它的缺点是体积庞大，很难操作与隐蔽。美国制造的M10坦克歼击车是在经改装的M4谢尔曼坦克的底盘上安装一门带有炮塔的3英寸炮（威力与17磅炮基本一样）。大部分M10坦克歼击车都在装甲师的反坦克炮团中服役，只有少部分被分配给了步兵师。

德国陆军

二战初期的德军步兵团与美军有一些相似之处。德军大多数步兵排下辖三个步兵班（有些步兵排下辖四个班），每个班配有一挺7.92毫米MG34机枪。通常情况下，这些步兵班还会装备一具枪榴弹发射器。一些步兵连（通常是那些下辖四个排的步兵连）会拥有一个重机枪分队（由两个班组使用两挺安装在三脚架上的MG34），以及一个5厘米leGrW 36型迫击炮组。德军步兵连里还有一个装备了三支7.92毫米PzB39反坦克枪的反坦克枪分队（反坦克枪可能会被平均分配给三个排，或由整个分队集中部署以集中火力）。从1943年年末开始，德军开始装备"铁拳"并优先提供给东线部队使用。到1944年年中，各条战线上的德军已大量装备"铁拳"。按纸面规定，一个步兵连应配备36具"铁拳"，而其他类型的连队装备的数量则相对较少。

德军每个营属机枪连（分别为各步兵团的第4、第8和第12连）均拥有三个重机枪排，每个排下辖两个各装备两挺MG34机枪的分队。通常情况下，一个重机枪排会被分配给一个步兵连，而主攻连则会得到两个重机枪排的加强（其中一个排会充当一般支援）。德军步兵营还会下辖一个装备有六门8厘米sGrW34迫击炮的迫击炮排，而该排又下辖三个各装备两门迫击炮的班。该排可能会由营部直接指挥，或者其下辖的每个迫击炮班均会被分配给一个步兵连。

德军步兵团的步兵炮连（第13连）由四个排组成，其中三个排各装备两门7.5厘米Le.IG18轻型步兵炮，一个排装备两门15厘米sIG33重型步兵炮（绰号"大号针筒"）。有时候两个轻型步兵炮排会与重型步兵炮排一起支援主攻连，有时候重型步兵炮排会被用作一般支援。步兵炮可进行直接和间接射击，为步兵团提供即时的火力支援，但其支援能力仍远不如传统火炮。德军步兵团的反坦克炮连（第14连）下辖三个排，每个排装备四门3.7厘米PaK35/36反坦克炮（使用轻型卡车牵引）。单个反坦克炮排很可能会被分配给一个步兵营。有时候，德军会将三个反坦克炮排集中起来以防御敌军坦克的主要靠近通道。反坦克炮排通常会将两到三门反坦克炮靠前部

159

署,再将余下反坦克炮部署在后方以形成防御纵深。部分反坦克炮可能会被部署在主阵地前方,或者被用来保护暴露的侧翼。

在"续战"期间与德国并肩作战的芬兰军队机枪班组成员,正在使用一挺缴获的苏联 7.62 毫米 SPM-10 马克西姆机枪——德军称这款机枪为 MG216(r)。注意,照片中的这挺机枪使用了克雷斯尼科夫枪架。在加上枪架和冷却水之后,SPM-10 的总重量为 99 磅 1 盎司。SPM-10 的循环射速为每分钟 500—600 发。值得一提的是,俄国和苏联的机枪均使用弹带并从右侧供弹,而美国、英国和德国的机枪则是从左侧供弹。

在 1944—1945 年间,德国抽选年龄较大和身体条件较差的预备役人员组建了 100 个要塞机枪营。其中,大多数机枪营装备 7.92 毫米马克沁 MG08 机枪(与马克西姆机枪类似的一战古董级武器),并负责驻守"西墙"。再加上雪橇形的枪架和冷却水之后,MG08 机枪的总重量为 123 磅 8 盎司,而风冷式的 MG34 在重机枪状态下的重量为 68 磅 12 盎司。因此,MG08 机枪在机动作战中毫无用处。不过由于火力持续性强,MG08 机枪较适合被部署在混凝土掩体和野战防御工事中。(尼克·寇尼许,www.stavka.org.uk)

上文所述的是火力支援的核心组织与武器。随着德军规模的扩大,以及新式武器投入使用,部分类型的武器出现了短缺。而且,战术的变化也导致许多单位的编制和装备变得有所不同。德军在二战初期进行快速扩军时,许多步兵团可能只有四门轻步兵炮,甚至有一些团连一门步兵炮都没有,但第 13 连(重武器连)

却拥有八门8厘米迫击炮（装备了两个排）。1940年年末，大多数新组建的步兵团都没有迫击炮和步兵炮，最多只下辖了一个反坦克炮排。1941—1942年间组建的步兵团，可能要到1944—1945年才能成立第13连和第14连。1942—1943年，造价昂贵且重量过重的5厘米迫击炮，因作战效能与投入不对等而被撤装——有一部分被8厘米kzGrW42短管迫击炮取代。1941年，3.7厘米反坦克炮逐渐被5厘米PaK38反坦克炮取代。不过，由于PaK38的供应不足，3.7厘米反坦克炮仍被德军继续使用了很长一段时间。

德国每个步兵排都会装备一门5厘米 leGrW 36 型迫击炮。这种炮由两人操作，可在短时间内维持每八秒六发的射速。一名炮组成员负责用钢管制成的背架携带重30磅7盎司的迫击炮，另一名炮组成员负责携带装有10发炮弹的钢制弹药箱。leGrW 36 型迫击炮拥有18.3英寸长的炮管，其最小与最大射程分别为55码和568码，其使用的高爆弹的重量不到2磅。leGrW 36 型迫击炮因造价昂贵、结构复杂、重量较重，以及射程和杀伤能力有限等问题，在1942—1943年被撤装。不过，德军并没有在步兵排中用其他武器来填补它的位置。

二战初期的一门德国8厘米（实际口径为81毫米）sGrW34迫击炮。sGrW34迫击炮重125磅,炮管长45英寸,在发射7磅1盎司重的高爆弹时的射程为66—2625码。作为对比,苏联红军的标准中口径迫击炮——82毫米M37迫击炮,重126磅,炮管长52英寸,发射7磅8盎司重的高爆弹时的射程为100—3390码。从1942年起,德军开始装备一种短管8厘米kzGrW42迫击炮（外号"树桩抛射器"）。该迫击炮重58磅6盎司,炮管长29.4英寸,其最小与最大射程分别为55码和1203码。（尼克·寇尼许, www.stavka.org.uk）

德国 7.5 厘米 Le.IG18 轻型步兵炮重 880 磅，炮管长 34.8 英寸，是西方军队中最轻和最小的步兵炮，但是它在发射 12 磅 11 盎司重的高爆弹时，射速为每分钟 8—12 发。Le.IG18 轻型步兵炮能够进行直射和曲射，这就和 8 厘米迫击炮的功能发生了重叠，而且德军步兵炮单位又从 1943 年开始装备 12 厘米迫击炮以加强火力。大多数 Le.IG18 轻型步兵炮采用的都是木制炮轮，但本照片中由党卫军步兵炮排（装备了两门炮）操作的这门炮采用的却是充气橡胶轮胎（便于使用轻型卡车进行高速牵引）。（汤姆·莱姆莱茵，Armor Plate 出版社）

1943 年 10 月，德军组建了新型步兵师。这种步兵师下辖的各步兵团均减少了一个营，但仍保留了第 13 连和第 14 连的名称。在经过重组之后，每个营下辖三个步兵连，每个连配备 16 挺 MG34 机枪（或 MG42 机枪）和 2 门 8 厘米 kzGrW42 短管迫击炮。营机枪连（步兵团的第 4 连和第 8 连）拥有 12 挺重机枪、3 挺轻机枪和 4 门 12 厘米 sGw43 重型迫击炮。步兵炮连（第 13 连）拥有 6 门 7.5 厘米步兵炮和 2 门 15 厘米步兵炮，以及 5 挺轻机枪。反坦克炮连（第 14 连）拥有 12 门 7.5 厘米 PaK40 或 7.62 厘米 PaK36(r) 反坦克炮（德国曾大量使用后者，该炮实际上就是经过改造的苏联 F-22 野战炮，其中一部分还被更换了炮管以适配德制 7.5 厘米炮弹）。许多反坦克炮连都在混用 5 厘米、7.5 厘米和 7.62 厘米反坦克炮。新型步兵师属反坦克炮营的三个连可能混用了 4 门 3.7 厘米反坦克炮和 6 门 5 厘米反坦克炮，或者混用了 7.5 厘米及 7.62 厘米反坦克炮。师属反坦克炮部队会被分配给步兵团和步兵营。

德军另一次编制变动是在 1944 年年末组建 44 年型国民掷弹兵师。国民掷弹兵师的步兵营下辖一个重武器连，该连又下辖一个步兵炮排（拥有四门 7.5 厘米步兵炮）、两个重机枪排（共有四挺 MG34 或 MG42 重机枪）和一个迫击炮排（拥有六门 8 厘米迫击炮）。步兵炮连（第13连）下辖一个装备了四门轻型步兵炮或两门轻型步兵炮加两门重型步兵炮的排，以及两个装备了八门12厘米迫击炮的排。被更名为坦克歼击连（PanzerZerstörer）的反坦克炮连（第14连），下辖三个排，每个排有三个班，每个班由两个六人"小队"组成，每个小队装备三具"战车噩梦"。也就是说，整个坦克歼击连有54具火箭筒（另外还有18具备用火箭筒）。

德国的15厘米sIG33重型步兵炮，是所有军队使用的这类步兵炮中最大的。这款步兵炮重3859磅，炮管长64.9英寸，已经和野战炮不相上下了。在德军步兵团的步兵炮连中，有三个7.5厘米步兵炮排，以及一个装备了两门sIG33的排。sIG33的最大射程为5140码，比大多数火炮的射程都近，但其使用的炮弹重达84磅，能够突破路障，摧毁野战工事，夷平建筑物或破坏部队集结地。运输sIG33时，需要先将其挂在前车上，再由中型卡车、轻型半履带车或六匹马来进行牵引。（Concord Publications 提供）

德军最后一次重组的步兵师是45年型步兵师。在这种步兵师中，步兵营重武器连没有重机枪，只有四门轻步兵炮和六门8厘米迫击炮。团属重武器连（第13连）有两门15厘米重型步兵炮和八门12厘米迫击炮。因为要负责应对敌军的攻击和突破，所以团属重武器连又被称为"救火队"（Heeresfeuerwehr）。在45年型步兵师和44年型国民掷弹兵师中，坦克歼击连的编制和装备是一样的。

东线战场上，德军士兵正在操作一门5厘米PaK38反坦克炮，炮管上的两个白环是该炮的"击杀"数。PaK38的炮管长93.7英寸，射速为每分钟10—15发，其发射的5磅重的穿甲弹能在500码外击穿84毫米厚的装甲。在使用碳化钨穿甲弹时，该炮能有效击毁T-34。不过，由于配发的碳化钨穿甲弹数量很少，大多数时候德军只能使用硬化钢穿甲弹——这种炮弹很难从正面击穿T-34。位于PaK38脚架末端的拖曳钩可安装脚轮，以便使用人力拖拽（比如在巷战时）。为减轻重量，PaK38采用了由合金制成的炮架和实心炮轮[尽管如此，该炮的重量（2174磅）仍接近一吨]。PaK38使用的双层间隙防盾在减轻重量的同时，提供了与较厚的单层防盾相同的防护力——弹头在穿透第一层防盾后，会破碎或发生变形，从而不太容易穿透第二层防盾。作为对比，苏联红军更为现代化的57毫米M1943反坦克炮的炮管长163.8英寸，射速为每分钟15—20发。该炮发射的穿甲弹重6磅7盎司，能在500码外击穿140毫米厚的装甲。（汤姆·莱姆莱茵，Armor Plate 出版社）

苏联红军

比起二战其他交战国，苏联红军步兵团拥有更多的火力支援要素。然而，经过长时间的作战，苏联红军遭受了大量的部队和装备损失，加上后方的生产与供给能力起伏很大，因此苏军步兵团很少达到过标准的装备水平。

苏军步兵团的三个步兵营各有三个连，每个连有三个步兵排和一个迫击炮排。步兵排分为四个班，其中两个班各装备一挺7.62毫米捷格加廖夫DP或DPM轻机枪，另外两个班各有两挺（但实际上轻机枪数量经常达不到这个配置）。迫击炮排拥有两门50毫米RM-39、RM-40或RM-41迫击炮，以及一个装备一挺7.62毫米马克西姆SPM-10重机枪（使用可用人力拖行的轮式枪架）的机枪小组。

苏军步兵营有两个火力支援连和两个火力支援排。两个火力支援连中的机枪连包含三个排，共九挺SPM-10重机枪。迫击炮连的三个排各有三门82毫米RM-36/37/41型迫击炮。两个火力支援排中的反坦克炮排（由于供应短缺，反坦克炮排在1941年7月被取消，但在1943年1月重建）拥有两门45毫米M1937或M1942反坦克炮。另一个是反坦克枪排，拥有三支14.5捷格加廖夫PTRD-41或西蒙诺夫PTRS-41反坦克枪。

苏军步兵团的炮兵营装备了六门 120 毫米 HM-38 迫击炮（法制 120 毫米 Mle1935 迫击炮的仿制品）或 HM-43 迫击炮（该炮和 HM-38 的外观几乎一模一样）。HM-38 重 617 磅，炮管长 73.3 英寸，在发射 35 磅 5 盎司重的高爆弹时的射程为 325—6565 码。德军不仅使用了缴获的 HM-38[德国人称其为 sGrW378(r)]，还对其进行了逆向仿制，生产出了 12 厘米 sGrW42 迫击炮。sGrW42 重 628 磅，炮管长 73.4 英寸，在发射 38 磅 13 盎司重的高爆弹时的射程为 328—6950 码。法国的 Mle1935、苏联的 HM-38 和德国的 sGrW42，可以通用弹药。（汤姆·莱姆莱茵，Armor Plate 出版社）

附属野战炮兵

　　除了建制内的火力支援部队，各国军队的步兵团或步兵旅通常会得到一个轻型炮兵营的直接支援。如是进攻作战，步兵团还会得到包括中型火炮在内的额外支援。直接支援步兵团的炮兵营很少受该团的指挥，更常见的是该炮兵营仍由师部指挥，以便在必要的时候改为支援其他单位。二战主要参战国用于支援步兵团或步兵旅的轻型炮兵营（英军炮兵"团"的结构实际上更接近炮兵营）的编成如下：

1944年主要参战国步兵团或步兵旅的火力支援单位

团或旅建制内的火力支援单位以加粗的文字来表示，缩进表示单位从属关系

美军步兵团	德军步兵团	苏军步兵团	英军步兵旅
团部与团部连 步兵营（×3） 　营部 & 营部连 　步兵连（×3） 　　步兵排（×3） 　　**武器排** 　**重武器连** **加农炮连** **反坦克炮连** **勤务连** **医疗队**	参谋连 步兵营（×3）* 　参谋连 　步兵连（×3） 　　步兵排（×3） 　　**反坦克分队** 　**机枪连** **步兵炮连** **反坦克炮或坦克歼击连** **辎重队**	团部 步兵营（×3） 　营部 　步兵连（×3） 　　步兵排（×3） 　　**迫击炮排** 　**机枪连** 　**迫击炮连** 　**反坦克枪排** 　**反坦克炮排** 　**重机枪连** **反坦克枪连** **反坦克炮连** **步兵炮连** **迫击炮连** **团勤务队**	旅部 步兵营（×3） 　营部连 　步兵连（×4） 　　步兵排（×3） 　**支援连** 　　轻型支援分排（配属） 　　地面防御排 **机枪连（配属）** **重迫击炮排** 配属勤务部队

注：大多数德军步兵团在1944年改为仅下辖两个营，但是保留了完整的团级火力支援架构。

美军野战炮兵营：辖三个连，每个连四门炮（105毫米M2A1榴弹炮）；

英军野战炮兵团、皇家炮兵部队：辖三个连，每连八门炮[25磅（87毫米）Mk Ⅱ榴弹炮]；

苏军炮兵营：辖三个连，每连四门炮（76毫米ZiS-3野战炮）；

德军炮兵营：辖三个连，每连四门炮（10.5厘米lFH18轻型野战榴弹炮）。

尽管与德军交过手的人几乎都会在回忆录里提起自己曾遭到过"88炮"的炮击，但是德国8.8厘米高射炮并非标准的步兵师属野战炮。8.8厘米高射炮常被当作反坦克炮使用，进行点对点射击，很少会扮演野战炮的角色，毕竟它不适合进行间接射击。

苏联红军认为步兵炮、迫击炮和反坦克炮，无论口径大小都应与传统炮兵相结合，并赋予了它们在其他军队中所没有的战术角色。例如，步兵团可能会将其下辖的一个120毫米迫击炮连（拥有六门120毫米迫击炮）和三个82毫米迫击炮连（各拥有九门82毫米迫击炮）合并为一个"炮群"（相当于一个临时炮兵营），并对这33门炮进行集中指挥（苏军不会将这些迫击炮集中起来密集部署，而是会将它们分散部署于整个

团的辖区内）。这样一来，该"炮群"既可被用来攻击近距离目标，也可被用于反击敌军的迫击炮。这类炮群可对 3000 码范围内的目标进行大量饱和式区域炮击，即在 20 秒内实施六轮炮击，共发射 198 发炮弹。不过，步兵连的两门 50 毫米迫击炮会专门负责提供直接支援。此外，苏军步兵团还可能会得到一个或多个师属 76 毫米野战炮营的支援，甚至是一个或多个 122 毫米 M1910/30 榴弹炮连的支援。这些支援部队会直接支援该步兵团去攻击敌军的前沿阵地、碉堡和加固建筑物，以及破坏障碍物。至于步兵营，则可能会得到某个"子炮群"的直接支援。团属 76 毫米炮兵连可能会被配属给某一个"子炮群"。

战术使用

尽管战术手册中已有详细说明，且各国军队也有开展全军范围的教学，但各个单位都会习惯性地根据经验、作战地形、气候、敌人的战术和可用资源来制定自己的作战方法。美军的各个师，甚至同一个师内的各个团，都会制定自己的战术。例如 1944 年年末，美军第 9 步兵师摸索出了一套包含六个步骤的战法，以对付齐格菲防线上的碉堡：（1）步兵排和工兵班尽量靠近目标；（2）使用坦克、坦克歼击车、反坦克炮或火箭筒提供支援火力；（3）用迫击炮和火炮压制碉堡；（4）使用直射火力压制碉堡射击口和入口；（5）使用烟幕掩护步兵和工兵接近碉堡；（6）通过在碉堡顶部安放炸药或用支援武器抵近开火的方式来摧毁碉堡。我们可以看出，在该战法中，包含直接火力和间接火力在内的各步兵支援武器都投入了作战。机枪、反坦克炮、火箭筒、野战炮、坦克和坦克歼击车，甚至 155 毫米自行火炮都可能被当成直射武器使用。

火力控制

野战炮营利用前进观测员 [英军称他们为前进观测官（FOO），德军称其为观测官（Beobachtungs offizier）] 来定位目标，请求并调整火力打击。炮兵连指挥官有时也兼做前进观测员，步兵炮连指挥官也是如此。苏军使用步兵连和重武器连指挥官作为前进观测员。在美军中，一个三人前进观测小组会被指派给师属 105 毫米榴弹炮连和营，但不会被指派给其他类型的炮兵营。另外，美军步兵师中还有三个联络小组，用来与步兵营协调火力。配属步兵团和步兵营的 105 毫米榴弹炮的前进观测员，会通过师属炮兵和炮兵群级别的火力集中指挥中心，处理所有的火力支援请求。一名英军步兵连指挥官曾在回忆录里自嘲地提到，他在二战时期的基本工作只是护送前进观测官穿越欧洲——这倒体现了支援火力的重要性。

除了苏联红军以外，很少有军队会把步兵炮和迫击炮接入炮兵的火力控制系统中，但美军的加农炮连和 4.2 英寸迫击炮单位会被整合进师属炮兵。在大多数情况下，这类武器的前进观测员是由重武器连的连长和（或）其下属排长担任的，营迫击炮排的排长在某些情况下也会担任前进观测员。步兵连的指挥官也可能会接入步兵营的电话网络，以指挥火力支援武器。前进观测员会选择能观察到特定目标区域的位

前进观测员对于辅助定位目标，确定合适的弹药和引信类型，进行射击修正和报告打击效果都至关重要。在这张照片中，一名德国"专业技术军官"战地记者正在采访一名执行观测任务的炮手（尽管前进观测员一职需要由军官担任）。后者使用的是 6×30 Sf14Z 剪式双目望远镜，俗称"驴耳朵"，美国人和英国人称之为"炮兵连指挥官望远镜"或"BC望远镜"。盟军的同类望远镜——垂直双潜望镜型望远镜——与德国的这种望远镜非常相似，且由于具有立体视觉效果，能在更远的距离上保障更高的清晰度，因此在距离估算的精度上也更具优势。（由康科德出版社提供）

置作为观测哨,以支援计划中的攻击作战。在防御时,前进观测员会选择能观察到尽可能多的连阵地或营阵地的位置。理想情况下,前进观测员应尽量靠近"炮目线"(一条想象的连接火炮与目标的直线),这有利于快速调整炮击方向,提升炮击精度。除非绝对必要,否则前进观测员都会待在离炮目线不超过 100 码的地方。

  一个炮兵观测哨可以是任何样子的,既可以是经过精心准备的阵地、建筑物的二楼窗口、教堂的塔楼、可供隐蔽的弹坑,也可以是山坡上的一片灌木丛。前进观测员需要观察大面积区域,这就决定了观测哨应设在当地海拔最高的地方,但这种地方往往过于显眼。因此,为免遭敌方火力压制,前进观测员通常不会将观测哨设在教堂的塔楼、突兀的山顶和孤立的建筑物里。德国人偶尔会在撤退时炸掉教堂的塔楼,以免其被盟军用作观测哨。一般来说,前进观测员会选择不那么容易吸引火力的位置,比如损毁的建筑物、不起眼的树木和灌木丛,以及损毁的车辆附近。一些前进观测员会穿上电话巡线员的攀爬脚蹬,在树上爬上爬下。不过,树上并不是很好的观察位置。在一片树木差不多高的树林里,前进观测员无法爬到足够高的地方,以避开周围树木对视线的阻挡——太小的树梢无法支撑他的重量,或者无法为他提供隐蔽。适合充当观测哨的树木,必须处于林地的边缘,或者其周围都是较矮的树丛。

  前进观测员不仅要对观测哨进行伪装,还要尽量避免双筒望远镜、潜望镜和测距仪产生反光。此外,因为德军狙击手会搜索使用双筒望远镜和无线电设备的人员,所以前进观测员还要隐藏无线电天线。位于观察战场的理想位置的观测哨,可能会因前来视察的指挥官和参谋人员在半路上暴露行踪而被发现,并招来火力打击。大多数前进观测员都会将观测哨设在紧靠前线的后方,但有时候(特别是在发起进攻时),他们会将观测哨设在前线前方的阵地上。在装甲和机械化单位里,前进观测员可以搭乘指挥车,甚至是乘坐自己的装甲战斗车辆来跟随前进的纵队。步兵单位向前推进时,前进观测员会与其一起行动,并且通常会与指挥官待在一起。如果地形、观察范围和能见度等条件允许,前进观测员会留在后方,为突击部队提供战场监视。如果受到大雾、降雨和降雪的严重干扰,留在后方的前进观测员还可以暂时利用后方现存的电话线系统。当步兵单位占领预定目标后,前进观测员就会转移到新的阵地上(最好是等敌军的反击被击退后,再转移阵地)。

通信

无线电设备在机动作战中特别有用，尤其是在部队快速推进时。不过，即使已有无线电设备，前进观测员也会设置有线通信网络，以备不时之需。而且，有线电话是他们首选的通信手段。有线电话不仅比无线电设备更可靠、通话效果更好，还可避免被敌人监听（当然，在快速变化的战术环境中，这类被监听到的情报非常"容易过时"。而且，当时各国军队在战术层面上缺乏能进行大量无线电测向工作的资源）。无论是架在树上还是铺在地上，电话线都可能被炮弹炸断，或者被友军在无意中破坏。埋设数英里长的电话线，无论是从人力的角度，还是从时间的角度来说都是不切实际的。

除了前进观测员，火力支援的另一个关键"角色"，是来自炮兵和火力支援单位的负责联络的军官和士官。他们会被派到其所支援的步兵部队的指挥部里。他们会根据火力支援部队的能力与局限性向步兵部队的指挥人员提出建议，协调部队的部署、弹药的补给、无线电频率的设置和电话线网络的搭建，并把火力支援单位整合进不断变化的作战序列中。这张照片中，美军第 3 装甲师的一名军官正在使用一部安装于吉普车上的 SCR-510 无线电台（这一型号的电台是专为炮兵联络官和前进观测员设计的）协调工作。（汤姆·莱姆莱茵，Armor Plate 出版社）

一个德军摩托化步兵团的反坦克炮小队正徒手推动一门3.7厘米反坦克炮，以便跟随一辆搭载步兵的轻型坦克前进。该反坦克炮已经上膛，并打开了"保险"，随时准备开火——这样一来，在遭遇突然出现的目标时就不用先卸下火炮了。这些炮组成员已携带了额外的炮弹，而后方还可能会送来更多的弹药。（由康科德出版社提供）

  在大多数军队中，相关人员只会铺设从上级单位到下级单位的电话线。至于观测哨的电话线，则会由一到两人负责铺设。除了联系自己所指挥的火力单位外，火力支援指挥官或前进观测员还可能会与他们所支援的部队的指挥所建立联络，并经常与营指挥官和连指挥官处在同一个电话网络里。这样做有利于这些指挥官在各自的防区内请求火力支援或调整火力部署。在发起进攻时，前进观测员会与其所支援的部队一起前进，如果没有无线电设备可用，他还要在身后铺设电话线，以保持和火力支援单位之间的联系（在某些时候，即便是有无线电设备可用，铺设电话线也能多一重保障）。

  在二战各主要参战国的军队中，传令兵有不同的叫法，如Messengers（美军）、Runners（英军）、Peshii（苏军）和Melder（德军）。一般来说，传令兵是最基本的替代通信单位。虽然传令兵无法快速把开火和修正命令从前进观测员处传递至火力单位，但他们可以在指挥部与火力支援单位之间协调射击要素。比如，彩色照明弹或烟幕弹就经常被用来充当开始射击、中止射击、改变射击或停止射击的信号，而前进观测员或步兵部队的指挥官会根据预先安排的时间表或在必要时发出这些信号。

  如果条件允许的话，火力支援武器，尤其是提供间接火力的武器，会被部署在既可以支援进攻，又能在原地向反攻的敌军开火的位置上。让火力支援武器长期留在原地不动的情形很少出现，因为它们迟早都会向前转移。由于在转移时会形成一个火力真空期，所以有时候火力支援单位会先转移一部分武器。例如先让两门迫击炮向前转移，让其余的四门迫击炮留在原地，等先行转移的两门迫击炮就位并完成射击准备后，再让剩下的迫击炮向前移动。火力支援武器转移位置时，相关人员还需要回收、修复和整备电话线，以便在下次推进时重新将其投入使用。

苏军经常把重机枪部署在前沿，以便对敌人阵地进行持续的火力压制并掩护步兵进攻。与西方军队不同，苏军很少使用重机枪进行远程间接射击，这不仅是因战术学说的差异所导致的，也与机枪班组人员的训练和技能水平有关。照片中的这挺 7.62 毫米马克西姆 SPM-10，安装在老式的带防盾的索科洛夫两轮枪架上。取代索科洛夫枪架的科列斯尼科夫枪架有一个较长的后脚架，上面还安装有一个射手座椅。科列斯尼科夫枪架也可适配 SPM-10（苏军经常去掉它的防盾），以及 SPM-10 的替代者——7.62 毫米 SG-43。不过，苏军直到二战结束时仍在使用 SPM-10。（汤姆·莱姆莱茵，Armor Plate 出版社）

规划

　　一般来说，军队会事先规划好迫击炮和步兵炮的火力。在防御时，防守方会在敌军步兵可能进犯的路线上预先标定炮击区，尤其是在容易找到隐蔽和掩护的植被茂盛、地形崎岖的地方。当障碍物和雷区容易被突破时，防守方会不得不将它们置于火炮的覆盖范围内。此外，防守方还会预先在道路和通道处标定炮击参数——虽然不一定能用间接火力摧毁敌方的装甲战斗车辆，但炮击能迫使敌方进入战斗状态并转换成分散队形。炮击不仅可以打乱敌方装甲战斗车辆的队形，还可以产生烟雾与灰尘以干扰其观察，并分隔敌方装甲部队与步兵。防守方实施炮击的其他目标，可能包括进攻方大概会部署直射火力支援武器的阵地、观测哨、集结地和出发阵地等。防守方必须规划好防御火力与前沿阵地的安全距离，并事先标定试射点或目标点——通常情况下，他们会选择容易识别的地形，这类地形需要随时都能被辨认出来（除了在最黑暗的夜晚）。

试射需要每个分排或每个排、每个炮兵连用一门迫击炮或火炮进行。这门炮就是所谓的"基准炮"，它既可以位于阵地左侧，也可以位于阵地中央。当预先规划的炮击区之外出现了新的目标时，前进观测员将从最近的试射点调整射击方位，并让火炮根据一个参考点（英军会以"目标编号"来表示，而德军和苏军则称之为"定位点"）来发射第一发炮弹——例如，他会发布"参考点4，向左200，向后50"之类的命令。虽然西方盟军大多用"码"来表示距离，但美军和英军在使用欧洲地图时也会以"米"作单位。炮手还需要进一步调整射击参数，以便单发炮弹能命中目标，或者至少让炮弹能"罩住"目标（目标的前后各一发或两侧各一发）。前进观测员在进行最后一次目视估算调整后，会把炮火引导至目标处。此时，火力支援单位会再用数发炮弹实施"效力射"（有时实施射击的火炮数量会少于火炮总数）。通常情况下，前进观测员会指示炮弹的数量与类型，以及使用何种引信。如果阵地被敌人占领，防守方甚至会直接对阵地或阵地后方实施最终防御火力打击，以支援己方部队发起反击。在相邻友军的防区被突破的情况下，部队也需要制定火力打击计划，以保护本单位的侧翼。

武器运用

在进攻作战中，部队需要标定打击计划中的目标[比如已知的敌军阵地、设防的建筑物、预备队的可能位置、后方设施（弹药与补给点）、指挥所、观察哨，以及需要突破的障碍物等]的坐标，并指定和记录试射点。反坦克炮非常适合发起远距离直接射击，这里说的"远距离"是指交战目标处于营级和团级部队的作战区域内且能被目测到的距离上。不过，反坦克炮的首要任务是守卫敌方装甲战斗车辆可能的来犯通道。虽然有些反坦克炮会被部署在主要抵抗线前方或防御纵深处，但大多数反坦克炮都会被部署在前线。在能限制装甲战斗车辆越野能力的地形（如森林、坑洼路面和泥地）处，反坦克炮会被用来防守通往己方纵深的道路，而被迫沿着公路轴线推进的敌军，

1944年，意大利：英军的通用载具可以把迫击炮（照片中的是一门3英寸Mk Ⅱ迫击炮）运往大多数地方。通用载具车内两侧的隔间里可装载51发炮弹。[①] 如果碰到十分糟糕的地形，英军还会使用人力或畜力来运送迫击炮。

[①] 译者注：尽管各国的布朗德式81毫米迫击炮的炮弹口径略有不同（8厘米、8.1厘米、8.14厘米、81毫米、81.4毫米），但大多数这类迫击炮都能互换弹药。少数不能兼容的情况，是由迫击炮撞针或特殊的发射药导致的。英国的3英寸（实际上是3.2英寸）Mk Ⅱ迫击炮由于炮管底部和撞针的设计差异而无法发射轴心国的炮弹。虽然经过重新设计的Mk Ⅴ迫击炮可以使用轴心国的炮弹，但Mk Ⅱ迫击炮仍被广泛使用。苏联的82毫米迫击炮可以发射德国的81毫米迫击炮弹，但德国在使用缴获的苏联迫击炮时，只能发射苏联人的炮弹。各国军队在使用外国的弹药之前，必须进行实弹测试，以适配不同的发射表、炮管长度、炮弹重量和发射药装药量。各种81毫米迫击炮的射程相差很大，但大多数该口径的迫击炮的射程都为2500—3000码。

会连续遭遇反坦克炮的阻击。除了部署反坦克炮，防守方还可以用在敌军进攻线路上埋设地雷、设置路障、炸毁桥梁与涵洞、在障碍物上设置诡雷、部署坦克猎杀小队等方式来增强防御。此外，反坦克炮还可用于保护阵地侧翼和防守结合部。部队在推进时也可"分出"部分反坦克炮去警戒通往己方侧翼的道路。

当己方缺少装甲战斗车辆时，反坦克炮就显得更有价值了——它可用高爆弹直射点状目标（如掩体、碉堡、机枪巢、建筑物、障碍物和人员），以及需要精确射击才能摧毁的目标（如教堂的阁楼、被敌军前进观测员或狙击手利用的某个窗口等）。反坦克炮的部署速度至关重要，例如英军要求步兵营属反坦克炮在步兵占领目标后的 15 分钟内赶到（尽管这在植被茂盛和道路崎岖的地方几乎不可能实现），以应对德军预计将在半小时内发起的反击。反坦克炮在城市地区很难隐蔽，因此用瓦砾将其藏住是不错的办法。有些时候，反坦克炮会被部署并隐蔽在离十字路口不远的小巷子里，以便攻击路过的坦克的侧面。

1945 年，意大利北部，美军第 10 山地师的一个 81 毫米迫击炮分排的两个班，正在用沙袋精心构筑的工事中提供火力支援。单独的迫击炮分排通常会被用于向单个步兵连提供直接支援，但是在山地环境中，由于阵地正面狭窄，可用于构筑发射阵地的地方不多，所以营属迫击炮排常常作为一个整体参战。美军迫击炮分排的两个班各有八个人。正常情况下，美军迫击炮分排指挥部有两个人，分别是一名少尉和一名上士。其他国家的军队不会指派一名军官去指挥一个只有两门迫击炮的单位，而且战场上低级军官短缺的现实也不允许他们这样做。（汤姆·莱姆莱茵，Armor Plate 出版社）

这张照片中的德军士兵正在把 mGrW34 迫击炮布置在坑中，他们还在前方搭起了一道用金属丝和麦秆做成的屏障，用于遮挡炮口焰和扬尘——扬尘问题还可通过洒水来解决。夜间，迫击炮几乎无法隐藏开火时的火光，但夜色同样使得敌军的前进观测员难以准确判断距离。迫击炮往往会被布置在掩体内或掩体后面，以避免敌军通过声音来判断和迫击炮之间的距离（通常情况下，因为开火的声音较小，士兵很难通过声音来判断迫击炮的位置）。二战末期，当西方盟国开始采用原始的反迫击炮雷达技术时，充分的隐蔽就显得更加重要了。（汤姆·莱姆莱茵，Armor Plate 出版社）

重机枪可进行直接射击和间接射击。通常情况下，当被置于最佳阵地上时，重机枪往往只能执行其中一种射击任务，而它们又经常被部署在能进行超越射击——射击时，弹道会穿过友军的前沿阵地或位于正在推进的部队的上方——的阵地上。这类射击当然需要经过密切协调，火线最好是位于向前推进的单位之间。在植被茂密、地形崎岖的密林区或城市地区，重机枪很难进行远程超越射击，因此指挥官可能会将其布置于前线，以最大限度地发挥火力，而不是将其留在后方（似乎经常有纸上谈兵的指挥官坚持严格按照规定使用重机枪）。德国人通常把重机枪当轻机枪使用，当受限于地形和植被而无法按标准程序使用重机枪时，德军就会将其下发给步兵连。由于德军的轻机枪和重机枪都基于同一种风冷式机枪，这种做法也就颇有可行性：他们只需把机枪从用于持续射击的三脚架上卸下，再将其用于加强突击单位即可。此外，重机枪还可用于保护侧翼及其所属部队与友邻单位的结合部。

火力支援武器排、分排和班可能由其所属的连掌握，但基本上会受步兵营或团控制，或者配属于由其直接支援的步兵连。在最后一种情形下，火力支援武器的子单位可能依然会遵循步兵营或团一级单位制定的火力计划，但步兵连指挥官可以直接命令这些子单位支持自己的行动。火力支援武器的子单位可直接受步兵连指挥，也可随时被撤回并接受新的任务。

在西北欧战场上，蒙哥马利把英军营和旅属迫击炮整合进常见的猛烈弹幕射击中。从1944年年底至1945年年初，德军的迫击炮和多管火箭发射器造成了英军和加军70%的伤亡。由于迫击炮发射时声音微弱，而多管火箭发射器又是进行连射的，英军和加军难以通过声音来确定其位置。围绕安装于拖车之上的Mk Ⅲ炮瞄雷达，英军和加军制定了反迫击炮计划。1945年1月，加拿大第1炮兵雷达连和英国第100炮兵雷达连投入实战，尽管定位精度并不怎么高，但他们确实有助于减少士兵伤亡。

从1944年开始，德军的前沿阵地呈现出配置大量机枪的特点，而大多数德军步兵则隐蔽在更加靠后的地方以发起反击。此外，德军还会将迫击炮部署在距前沿阵地3000—4000码远的地方。为此，进攻方不得不在突破前沿阵地后迅速深入德军纵深，以便消灭迫击炮。而德军也在纵深投入了越来越多的"铁拳"、"战车噩梦"和突击炮，以充当"移动碉堡"。

常见观点认为，特定的火力支援武器部队通常隶属于同一个步兵单位。但事实并非如此，这是因为他们要为其他步兵单位提供额外的火力支援，要让自己的各支援武器子单位轮流休整并进行维护作业，以及补充战损的单位。即使是在训练时，支援武器子单位也会在其支援的各个步兵单位之间轮替，以便相互熟悉。火力支援武器排排长、副排长和分排中士经常担任联络员，负责与步兵营的各连协调火力。在侦察新的阵地或接替防线上的另一个单位时，他们也会跟随步兵营和步兵连的指挥官行动。火力支援武器运用的一个重要部分包括侦察、挑选和占领阵地。火力支援单位指挥官会选择射击阵地和进出阵地的道路，确定弹药堆集点和拖车（包括卡车和挽马）停放点。如果是接替其他单位，他们会进驻现有阵地，并从原驻防单位获得目标参考点、炮击区和其他射击数据（如果处在封闭的地形中，这些部队甚至会交换武器）。原驻防单位需要指明敌军阵地，并简要介绍敌军近期活动情况。而且，原驻防单位也经常会留下他们大多数的弹药和野战电话线网络。

一门仍采用冬季涂装方案的苏联 45 毫米 M1937 反坦克炮。在这张照片中，弹药手正从能装四发炮弹的弹药箱里拿出一发待发弹。很少见的是，照片中还可见到由两匹马牵引的弹药箱前车，它能够迅速挂上反坦克炮并转移到新的阵地。（汤姆·莱姆莱茵，Armor Plate 出版社）

1944 年，法国，一名美军士兵正在为 60 毫米 M2 迫击炮装填高爆弹（灰橄榄色表面带黄色标记）。在进攻中，60 毫米迫击炮很便携，士兵带着它也能跟上进攻中的步兵排，并用它去攻击已发现的或疑似的敌军阵地，抑或用它发射烟幕弹。为提高机动性，士兵可不带两脚架甚至座钣，然后直接把炮管底部杵进土里或塞满泥土的钢盔里，用手扶着炮管发射炮弹。不过，这样做的话，迫击炮的精度很低且射程只有几百码。（汤姆·莱姆莱茵，Armor Plate 出版社）

　　火力支援武器会在一个部队的防区内占据相当大的空间。例如，德军一个三营制步兵团（其中，两个营部署在主要抵抗线上，一个营担任预备队）的防区内有九个步兵连，还有营部和团部的补给和弹药点、急救站、十几辆辎重车、附属工兵部队。此外，还要加上支援武器子单位：四个步兵炮排、三个反坦克炮排、三个迫击炮排、九个重机枪排——各类武器排共 19 个。因为这些单位中的大多数都位于前线或离前线不远，所以必须充分考虑各单位间的距离，以免引来敌人的炮火。

美国陆军通行做法

在防御作战时，美军经常将重机枪排分配给某个步兵连，而该连通常会将自己的轻机枪分排分配给一个步兵排（一般是作为预备队的排），将重机枪排的两个分排分配给另外两个排。在攻击作战时，重机枪排的机枪会在步兵发起进攻前对着目标（特别是村庄之类的目标）猛烈射击。在实施防御时，美军还可能会将一个坦克分排或坦克歼击车分排分配给某个步兵连，并由该连的武器排排长负责指挥（因为他的无线电设备已经连通了连长的通信设备）。在进攻时，跃进的步兵排在发起总攻前，会等待机枪和迫击炮就位并提供支援。在炮兵单位完成计划中的炮击后，60毫米迫击炮、81毫米迫击炮，以及加农炮连会接着开火。美军会用迫击炮向树木发射高爆弹，以便在开阔地上制造空爆效果；如果没有树木，他们就会用迫击炮向缺乏顶部防护的敌军阵地发射白磷弹。在穿过烟雾弥漫的战场时，突击部队需要学会如何保持进攻方向。

美军的加农炮排和反坦克炮排经常被配属给步兵营，并根据营指挥官甚至连指挥官的要求选择阵地，这会比执行在当前态势改变之前制定的团一级计划更能响应战术要求。不过，如果"预计某个方向将会有坦克威胁"，团指挥部就会继续掌握加农炮和反坦克炮部队。60毫米迫击炮通常由步兵连指挥，81毫米迫击炮可能由步兵营的指挥部掌握（有时候，81毫米迫击炮分排会被分配给各步兵连）。总之，把火力支援武器配属给下属单位没有固定的套路。在某个战例中，美军的一个步兵连把一个步兵排、一个轻机枪分排、一个重机枪分排和一门60毫米迫击炮部署在前沿阵地，然后将连里的其他部队和另一个重机枪分排撤回后方，以便应对敌军从另一个方向发动的进攻。

正如前文提到过的那样，未被部署的营反坦克炮排和团反坦克炮连的相关人员经常要承担一些次要的步兵任务，反坦克炮连的布雷排也可作为步兵排参加战斗。在敌军没有坦克时，反坦克炮仍有其他用途：提供直射火力支援；保护不设防的侧翼和结合部；作为"救火队"快速进入紧急射击阵地，以增强特定区域的火力。有趣的是，美军57毫米反坦克炮班组在用人力转移火炮时，经常把防盾拆掉以提升视野和机动性。

加农炮连可以承担多种任务：支援进攻、反炮兵作战、外围反坦克防御、机动侦察、补给运输和运送伤员。当炮兵数量出现富余的时候，加农炮连经常会收好榴弹炮，将人员暂时转为步兵，并帮助防守过宽的前沿阵地。加农炮连有三个排，每个排有29人，并且均配备了三辆1吨半卡车、一辆吉普车、一具火箭筒、一挺0.5英寸机枪和三个榴弹发射器。每个排的两个班或分排（以榴弹炮分排为基础）可能会补充人员，而这些人员来自人数众多的排部和连指挥部。加上补充人员带来的车辆后，该加农炮连就可被当作机动预备队使用。加农炮连在被改编为临时步兵连时，其可能会保留1—2门105毫米榴弹炮，用于提供近距离防御性直射火力。不过由于缺乏BAR、轻机枪和迫击炮，加农炮连不适合执行进攻任务。

1943年，美军投入使用105毫米M3"塌鼻子"驮载榴弹炮，将其作为75毫米M1A1榴弹炮的更强搭档；步兵团团属加农炮连装备六门M3，使用1吨半货车牵引。M3重955磅，使用缩短至66英寸的标准M2榴弹炮的炮管——安装在经过改装的75毫米驮载榴弹炮的炮架上。M3的射速为每分钟15发，使用33磅重的高爆弹时的最大射程为8295码，使用破甲弹时的最大射程为3000码。M3使用的弹药与师属野战炮营的105毫米M2A1榴弹炮的弹药基本相同，但发射药较少（以保证能在较短的炮管内燃尽）。这张照片中，第82空降师滑翔机炮兵营的士兵正在把一门"短105"装入一架雅高CG-4A滑翔机。（汤姆·莱姆莱茵，Armor Plate出版社）

美军步兵营拥有六挺口径为0.5英寸的M2机枪：每个步兵连武器排一挺，营部连的弹药与工兵排和反坦克排各一挺，外加重武器连连部一挺。此外，团部连有两挺，勤务连有七挺，加农炮连和反坦克炮连各有三挺。在步兵团内，这些机枪都安装于卡车之上，并没有专门的操作人员——射手"通常只是兼职的"。虽然主要用于防空，但是这些机枪也配备了对地射击用的三脚架。一些单位会将来自指挥部的志愿者、弹药和工兵排的人员组建成临时的机枪班组。不过，只有少部分机枪会被分配给这样的机枪班组，而且这种班组的存续时间也很短。

战　　例

美军第 2 装甲师与德军第 330 国民掷弹兵团
1944 年 10 月，德国盖伦基兴

1944 年 7 月，第 183 步兵师在白俄罗斯的"布罗迪口袋"中几乎被全歼。同年 9 月，德军用该师残部组建了第 183 国民掷弹兵师。这支由逃出包围圈的老兵、无事可做的德国空军与海军人员，以及奥地利征召兵组建而成的部队，得到了第 16 国土要塞营和第 42 要塞机枪营的加强。后两个单位主要由 40—50 岁的人员组成，共包含四个连，使用一战时期的古董——7.92 毫米 MG08 水冷式重机枪。尽管已经过时，但这些机枪因为拥有沉重而稳定的枪架，依然能够持续精准地射击，且适合用于阵地防御。1944 年 10 月初，该师的第 330 国民掷弹兵团正在防守亚琛以北的盖伦基兴地区。

美军第 2 装甲师奉命突破这一地区内的由"龙牙"（实际上是反坦克水泥墩，但被嘲笑为"过时产物"）和混凝土碉堡构成的"齐格菲防线"。德军的防线并不连贯，其防御部队也集中在由地下电话系统连接的碉堡群中。德军指挥中心碉堡在与后方的火炮和迫击炮部队建立联系后，可以传递火力支援请求。

德军往前线派驻了前进观测员，监视敌军坦克可能的来犯路线。很明显，这些碉堡群无法被绕过。美军必须彻底攻克这些碉堡，以阻止德军从中发动反击、从后方袭击或骚扰后勤部队。此外，美军还要彻底摧毁这些碉堡，以防止它们被德军重新利用。

德军碉堡仅能容纳一到两挺机枪，但在其周围的 V 形和 L 形狭窄战壕中，其他机枪与步枪手、"铁拳"和"战车噩梦"的射手一起控制了所有接近碉堡的线路。在靠近山脊的一侧，以及许多碉堡的正面与侧面都挖掘了反坦克壕；在装甲战斗车辆的接近路线上，有时会埋设反坦克地雷和一些人员杀伤地雷（后来，美军发现德军的地雷就堆在路边，未来得及布设，有些雷区甚至无人警戒）。偶尔会有一辆 7.5 厘米突击炮会被作为移动碉堡，用于加强德军阵地。美军发现这些突击炮比固定碉堡更难对付。更令美军步兵头疼的是，某些曾被长期废弃的工事周围长满了茂密的灌木和树丛，为突击炮提供了很好的伪装。

冬季，位于标准圆形工事中的德国 8 厘米 mGrW34 迫击炮。三发装的钢制弹药箱还容纳了炮弹的引信和三个发射药包。此外，这些炮弹还可用容量为 12 发的板条箱包装。一个完整的七人迫击炮组能自带 24 发炮弹。每个迫击炮小组还配有一匹马、一辆 IF9 步兵两轮马车，外加一名驭手来运输迫击炮与弹药。（康科德出版社）

令人意外的是，德军把许多 8 厘米和 12 厘米迫击炮安置在碉堡后方 3000—4000 码处。它们离前沿太远，无法攻击美军纵深，仅能覆盖碉堡和碉堡周围。一些 7.5 厘米和 15 厘米步兵炮也被部署在后方，这使得美军难以反制。另外，一旦美军攻克碉堡，他们就难以继续迅速突进并消灭处在纵深的德军迫击炮和火炮。美军首先要应对德军的反击，在巩固占领区后方能继续推进。

"人民冲锋队"的成员正在宣誓参战——德国以这样绝望的手段试图将盟军阻挡在国境之外。我们可以在这张照片中看到这些人民冲锋队成员装备了"铁拳60"，但却没有看见步枪和手榴弹。照片右侧的是一具 8.8 厘米"战车噩梦"，它还有一个与其仿制对象（巴祖卡火箭筒）一样的绰号，即"烟囱"。（汤姆·莱姆莱茵，Armor Plate 出版社）

盖伦基兴为多山地形，其森林十分茂密，而且频繁的降水导致很多地区，甚至包括山脊和许多高地上都是一片泥潭。当地道路通常在山脊上或山脊一侧，而坦克又往往被限制在柏油路或修整过的土路上。因此在某些地方，M5A1 斯图亚特轻型坦克可以进行越野机动而不会被陷住，但更重型的 M4 谢尔曼则经常寸步难行。认识到美军因为地形原因而只能被困在路上后，德国人将防御重点放在了道路上，而不是建立更宽大的线性防御。美军的先遣营在这种情况下沿着道路奋力推进时，就遇到了无数的障碍，以及接连不断的伏击。

同属第 183 国民掷弹兵师的第 330、第 343 和第 351 国民掷弹兵团一起重组了火力支援武器部队，但并没有满编。他们还有两个重武器连，一个连没有配备足额（四门）的 7.5 厘米步兵炮，另一个连压根就没有 7.5 厘米步兵炮。这些武器似乎已集中到了团属步兵炮连，被部署在防线后方。营属 8 厘米迫击炮和团属 12 厘米迫击炮（分别归属三个排和两个排）也被集中在后方，用于防守几条美军一定会经过的、特定的道路。

第 330 国民掷弹兵团的坦克歼击连只有两个火箭筒排（满编状态下有三个火箭筒排），另有三门 7.5 厘米反坦克炮和两门 5 厘米反坦克炮。这两个被分散部署到不同通道处的火箭筒排，保留了每个小队由三个两人小组组成的架构。火箭筒班组人员大致按照火箭筒手册的规定进行了部署——每个小队会构筑三处阵地，这三处阵地通常是两个在前，一个在后，而且前方两个阵地之间的横向距离，以及它们与后方阵地之间的距离都不超过 150 米。这样一来，三个小队就能覆盖一个宽 300 米、纵深 450 米的区域。火箭筒阵地实际是一个每边长二三米的倒 V 形壕沟——射手在任意一边开火时，装填手都可以隐蔽在另一边，避开尾喷气流。他们能向任何方向开火，且三个阵地能互相掩护——敌方坦克从阵地上经过时，将面对从侧面和后方袭来的火箭弹。德军会在灌木区的边缘挖倒 V 形战壕，以便获得良好的观察视野与射界，他们还会移走挖出来的泥土，从而使战壕即便处于开阔地也很难被发现。在本次作战中，第 330 国民掷弹兵团原计划沿着道路进行纵深部署。由于当地道路沿着山脊延伸，德军阵地至少有一侧是陡坡——只要能打断沿着道路前进的美军坦克的履带，就能有效地堵塞道路，堵在后面的坦克只能被动挨打。此外，美军坦克回收车也无法赶到队伍前方，一些尚可修复的坦克，也只能被身后的其他坦克推下道路。德军共有五门反坦克炮被布置到能发挥其射程优势（能沿着道路轴线开火）的地方。在这些隐蔽的阵地上，德军班组人员在火炮脚架之间挖出了狭长的堑壕，以迅速躲避来自美军迫击炮和坦克的打击。

1945年3月，德国巴斯，美军第65步兵师某个步兵连武器排的一个机枪班正在城中穿行。机枪手（中间）携带了一挺带两脚架、金属肩托和提把的M1919A6勃朗宁轻机枪——此时M8锥形消焰器还未投入使用。M1919A6也可以像M1919A4一样安装在M2三脚架上，此时M1919A4也大量被美军使用。据称，经过改进的M1919A6实际上比M1919A4更重：后者自重31磅，加上三脚架后重45磅；前者自重32磅8盎司，加上三脚架后重46磅6盎司。这两款机枪都使用弹容量为250发的弹带供弹，循环射速为每分钟400～550发。（汤姆·莱姆莱茵，Armor Plate出版社）

德军在急转弯路段、凹陷路段、十字路口等道路瓶颈处设置了路障，而其设置路障的方法包括将伐倒的树木交叉堆放在路上（作为鹿砦）；在路上立起木桩；炸毁路边的建筑，以便让瓦砾阻塞道路；直接爆破道路，制造弹坑；布设反坦克地雷、人员杀伤地雷，并设置诡雷。此外，还有一种简单而有效的"路障"——把一些箱子、栅栏桩、树枝和木板随意堆在路上。美军坦克碰上这种路障后就不得不停下来，等待步兵上前检查其中是否有地雷和诱饵装置。而此时，德军的火箭筒和机枪等武器就会一起开火。

189

1945年，美军一个57毫米M1反坦克炮班组沿着一条德国小镇的巷子，徒手将反坦克炮转移到新的发射位置。反坦克炮在城镇战斗中能有效发挥作用，可击穿中等砌体，或者把炮弹射入窗户、门户和射击口中。57毫米M1反坦克炮是由英国6磅反坦克炮Mk Ⅱ型改进而来的。不过，二者的炮弹可通用且性能一样：6磅4盎司重的穿甲弹在1000码处能击穿68毫米厚的装甲，射速为每分钟12—14发。虽然在对付德军的"黑豹"坦克和"虎式"坦克时，6磅反坦克炮的用处有限，但实际上，盟军在1944—1945年遭遇的大多数坦克都是更轻型的四号坦克。1943年中期，盟军开始用57毫米M1反坦克炮替换无用的37毫米M3A1反坦克炮，前者与后者的替换比例为3：4。57毫米M1反坦克炮使用1.5吨6×6货车牵引，车上会搭载10名班组人员，以及弹药和火炮相关设备。每个班组还额外装备一具2.36英寸巴祖卡火箭筒。美军步兵团反坦克连拥有9门57毫米反坦克炮，每个步兵营营部连有3门57毫米反坦克炮，一团共有18门该口径的反坦克炮，再加上157具巴祖卡火箭筒，整个团拥有数目可观的反坦克武器。（汤姆·莱姆莱茵，Armor Plate出版社）

当美军第 2 装甲师沿着一条单车道柏油路向盖伦基兴进攻时，这条路已经被德军的两个混凝土机枪碉堡所控制，而这两个碉堡还得到了周围战壕中的步兵、三个火箭筒小组、部分装备了"铁拳"和轻机枪的派遣人员（他们会伏击盟军，并采用"打了就跑"的战术）、一门 7.5 厘米反坦克炮和一门 5 厘米反坦克炮的加强。此外，德军还在道路、碉堡和其他阵地上标定了无数的迫击炮集火打击点。

美军坦克和步兵在进攻德军第一个碉堡的同时，也在用迫击炮发射烟幕弹和高爆弹，以压制第二个碉堡。这迫使碉堡外的守军撤入碉堡，又使得美军步兵有机会接近碉堡。在美军坦克把炮弹射入射击口，并用无数炸药包攻击碉堡后门后，第一个碉堡内的剩余德军就只能投降了。美军停止了对第二个碉堡的炮击，当碉堡中的守军冲出来准备重新占领战壕时，有很多人都被美军步兵的轻机枪和 BAR 打倒。没被打死的德军被赶回了碉堡，而当美军坦克和爆破小组再次发起进攻后，他们也很快投降了。

美军坦克沿着道路继续前进，希望能占领一个位于德军侧翼的阵地，以应对可能发起反击的德军，但是按照命令伴随坦克前进的美军步兵在德军迫击炮的打击下被迫撤回，并与德军俘虏一起躲在已被占领的碉堡中。与德军预期的一样，美军先头坦克被 7.5 厘米反坦克炮击毁，堵住了道路。但伴随坦克前进的美军前进观测员随后呼叫 155 毫米榴弹炮进行了一次"炮兵连六发齐射"（共发射了 24 枚炮弹），消灭了德军反坦克炮。剩下的两辆美军坦克转向左边，沿着与公路平行的山脊前进。它们在绕过那辆被击毁且燃烧着的坦克时，遭到三名隐藏起来的德军火箭筒射手的近距离攻击。其中一辆坦克被击中三次，履带被炸断，另一辆坦克在被击中一次后，发射了 2 英寸烟幕弹以掩护自己撤退。美军步兵开始使用轻机枪和 BAR 发起攻击，但却找不到适合 60 毫米迫击炮的发射位置。于是，美军呼叫 81 毫米迫击炮的支援，而该迫击炮发射的炮弹击中了德军三个火箭筒小组阵地上的树木并发生了空爆。幸存的坦克指挥官拒绝让坦克独自前进。当位于山脊更深处的德军轻机枪手和狙击手开始射击时，美军前进观察员再次呼叫 155 毫米榴弹炮进行了一次"炮兵连六发齐射"。另外，一个装备了 105 毫米火炮的炮兵连也提供了支援（这是常见做法，即未接到任务的炮兵单位会监听无线电并参与其他单位的火力支援任务）。

炮击之后，美军步兵在沿着山脊和道路前进时发现了很多德军尸体，并俘虏了一些晕头转向的德军。一门 5 厘米反坦克炮也被美军发现，它对准了一个原木路障，路障处还布设了地雷与陷阱。美军工兵受命去炸掉该路障，但引来了德军轻武器和机枪猛烈的火力压制。由于已预料到德军会发起反击，美军步兵迅速占领了阵地。但德军一直没有发动正式的反击，只进行了几次不坚决的试探。整个区域只受到德军寥寥几发8厘米迫击炮炮弹和12厘米迫击炮炮弹的攻击，其中可能还夹杂了几发步兵炮炮弹。随着暮色将至，美军步兵又推进了100码，然后停下来构筑工事准备过夜。当天，美军的前线步兵连得到一个重机枪排的增强，并为60毫米迫击炮找到了合适的发射位置。德军的试探，以及迫击炮和步兵炮的炮击持续了整个晚上。黎明时分，美军派出的巡逻队发现德军已经撤走。于是，美军在坦克的支援下继续向前推进。

  在本次战斗中，德军充分利用了有限的资源——以碉堡作为主要掩蔽所来组建防御体系。他们还巧妙地利用了地形——在两侧无法机动的道路上、陡峭泥泞的斜坡上设置障碍物与雷区。德军步兵虽然素质较差，却有效发挥了机枪的作用。德军以火箭筒和"铁拳"发起的近距离伏击也起到了作用。此外，德军还出色地运用了迫击炮和步兵炮，并将其布置在美军步兵难以突破的后方深处。此战中，德军的主要弱点是缺乏足够的炮兵支援，也缺乏拥有装甲部队的机动预备队以发起有意义的反击。

1944年，荷兰，美军第7装甲师第48装甲步兵营的一辆M21迫击炮运载车上，一门81毫米M1迫击炮正在开火。这门迫击炮也可从车上卸下，放在地上射击。81毫米M1迫击炮重136磅，炮管长49.5英寸，射程为100—3290码，该炮所用的轻型高爆弹和重型高爆弹分别重6磅14盎司与10磅10盎司。每个美军装甲步兵营营部连的迫击炮排都拥有四辆迫击炮运载车。早期的M4迫击炮运载车上的迫击炮炮口朝后，后来这种设计被发现存在战术上的不便。M21迫击炮运载车和M4迫击炮运载车的班组人数都是六人。M21迫击炮运载车可携带97发迫击炮弹。注意看，照片中的这辆迫击炮运载车的车身外部挂架上，还有几枚M1A1反坦克地雷。通常迫击炮班组会于夜间将这种地雷布置在防御阵地周围，且多数时候不掩埋它，以方便在离开阵地前将其收回。（汤姆·莱姆莱茵，Armor Plate 出版社）

结　　论

　　毫无疑问，各种火力支援武器提供了广泛的战争辅助，在二战的战场上发挥了关键的战术作用。这包括能够摧毁或压制各种目标，如人员、装甲战斗车辆、野战防御工事、设防的建筑物和障碍物等的直接和间接火力。它们的作用往往被低估、忽视，所做贡献不被重视。火力支援排和连习惯把各下属单位分散到其负责提供支援的前沿步兵连中独立作战。甚至有时候，在因为师属野战炮过于充足，全部或大部分火力支援单位（例如团属加农炮连）不需要参战时，步兵部队还会替他们感到高兴。

　　二战后，各国军队在转型时，保留了部分类型的火力支援武器（通常是经过改装的），而其他类型的火力支援武器要么被淘汰，要么被新的武器所取代。直到20世纪60年代初，这一转型才完成。除了营一级的机枪排之外，其他机枪单位很快就消失了。水冷式重机枪很快就只能从历史书里找到了，而更轻、更便携的通用机枪成了标准装备，它既可被用作轻机枪（使用两脚架），也可转换成重机枪（使用三脚架）。士兵们几乎不再使用机枪进行远程间接射击了，因为越来越精准、反应速度越来越快的迫击炮和火炮显然比机枪更适合完成此类任务。

　　迫击炮在各国军队中得到了保留，其发挥的作用也基本未变——提供连级和营级的即时火力支援。现代军队更倾向于将其集中使用，而不是以一两门炮一组的形式去直接支援一个步兵连下属单位。迫击炮在有了集中的火力控制体系和专门的前进观测员后，可使用更多类型的炮弹与引信来拓展用途。只是，由于低烈度冲突变得越来越普遍，以及各国的炮兵武器都很充足，因此迫击炮在某种程度上失去了参战机会。不过，迫击炮仍然是军队的重要资产。

　　二战之后，反坦克炮迅速被淘汰，并被便携式火箭筒与可用轻型车辆运输的无后坐力炮取代。其中，便携式火箭筒变得越来越致命，并且直到今天仍被广泛使用。在使用了大幅改进的破甲弹与新型特种弹之后，无后坐力炮不仅成了有效的反坦克武器，还能承担多种直接火力支援任务，但从20世纪70年代开始，它们大多被有线制导反坦克导弹取代。

　　到了1945年，笨重且基本无用的反坦克枪几乎消失了，但自20世纪80年代以来，它的一个衍生系列已经发展成为大口径、使用瞄准镜瞄准的反人员和反器材步枪。二战结束后，步兵炮也迅速退出了历史舞台，被轻型火炮、更先进的迫击炮和无后坐力炮所取代，其仅有少部分功能被30毫米自动榴弹发射器和40毫米自动榴弹发射器所继承。

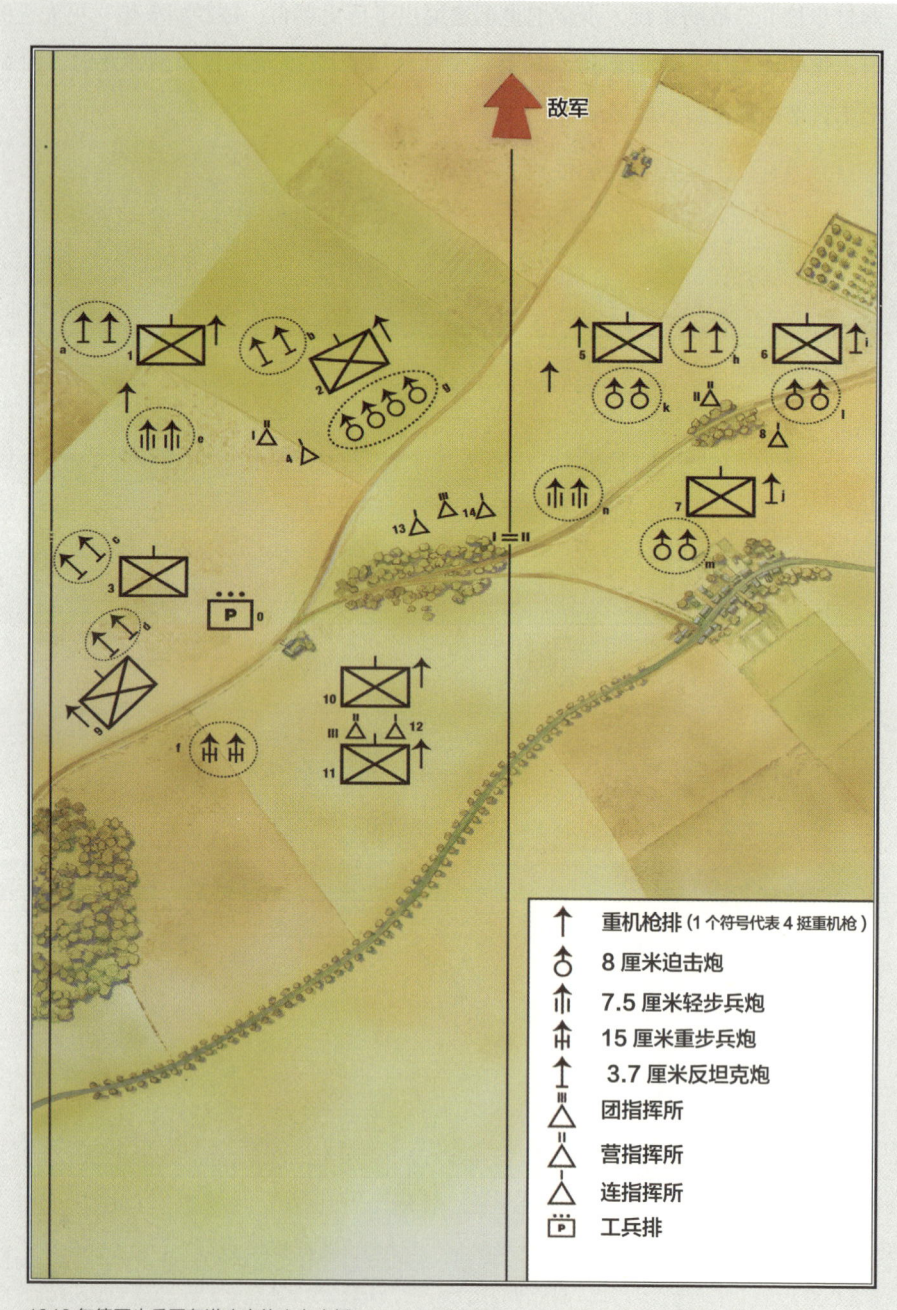

1940年德军步兵团在进攻中的火力支援。

1940年德军步兵团在进攻中的火力支援

虽然德军团建制内的火力支援武器的配置与部署，同美军的类似，但仍需再次强调，武器的部署是根据己方和敌方控制区域的地形来确定的。图中使用的是美军的战术符号——罗马数字代表营，阿拉伯数字代表连。

本图展示了Ⅰ营和Ⅱ营在大约100码宽的正面上的攻击位置：Ⅰ营（1—3连）进行主攻，Ⅱ营（5—7连）进行配合。Ⅲ营（第9—11连）是预备队，但也负责保护整个团的左翼——这对一些火力支援武器来说是一个重要的任务。在Ⅰ营内部，1连正在进行主攻，2连正在提供火力掩护，3连是预备队。

请注意，在大多数情况下，火力支援武器都是按一对（半个排），或者四个一起（排）的方式来进行部署的。虚线圈内，各子单位承担的任务都是用字母来代替的，其具体含义可参见下文。因为重机枪排（见图例）的任务只是支援相邻的步兵连，所以其图标旁并未标注字母。步兵连建制内的反坦克枪（三支）、排属5厘米迫击炮（每排一门），以及班用轻机枪（每班一挺，每连九挺）均未在本图中展示。各子单位的任务如下：

(a) 为担任主攻的1连提供掩护火力。

(b) 为担任助攻的2连提供掩护火力。

(c) 保护侧翼；在3连挺进时提供支援。

(d) 保护侧翼；在9连挺进时提供支援。

(e) 支援1连的间接火力；伴随1连前进。

(f) 支援1连的间接火力；顺带支援2连，如有需要，还会支援Ⅱ营。

(g) 支援1连和2连（每个符号代表三门迫击炮）。

(h) 支援5连的掩护火力。

(i) 支援6连的掩护火力。

(j) 7连前进时向其提供支援。

(k) 支援5连的火力（每个符号代表一门迫击炮）。

(l) 支援6连的火力（每个符号代表一门迫击炮）。

(m) 7连前进时向其提供支援（每个符号代表一门迫击炮）。

(n) 向5连和6连提供的火力支援。

(o) 团属工兵排为主攻方向提供破障和扫雷支援。

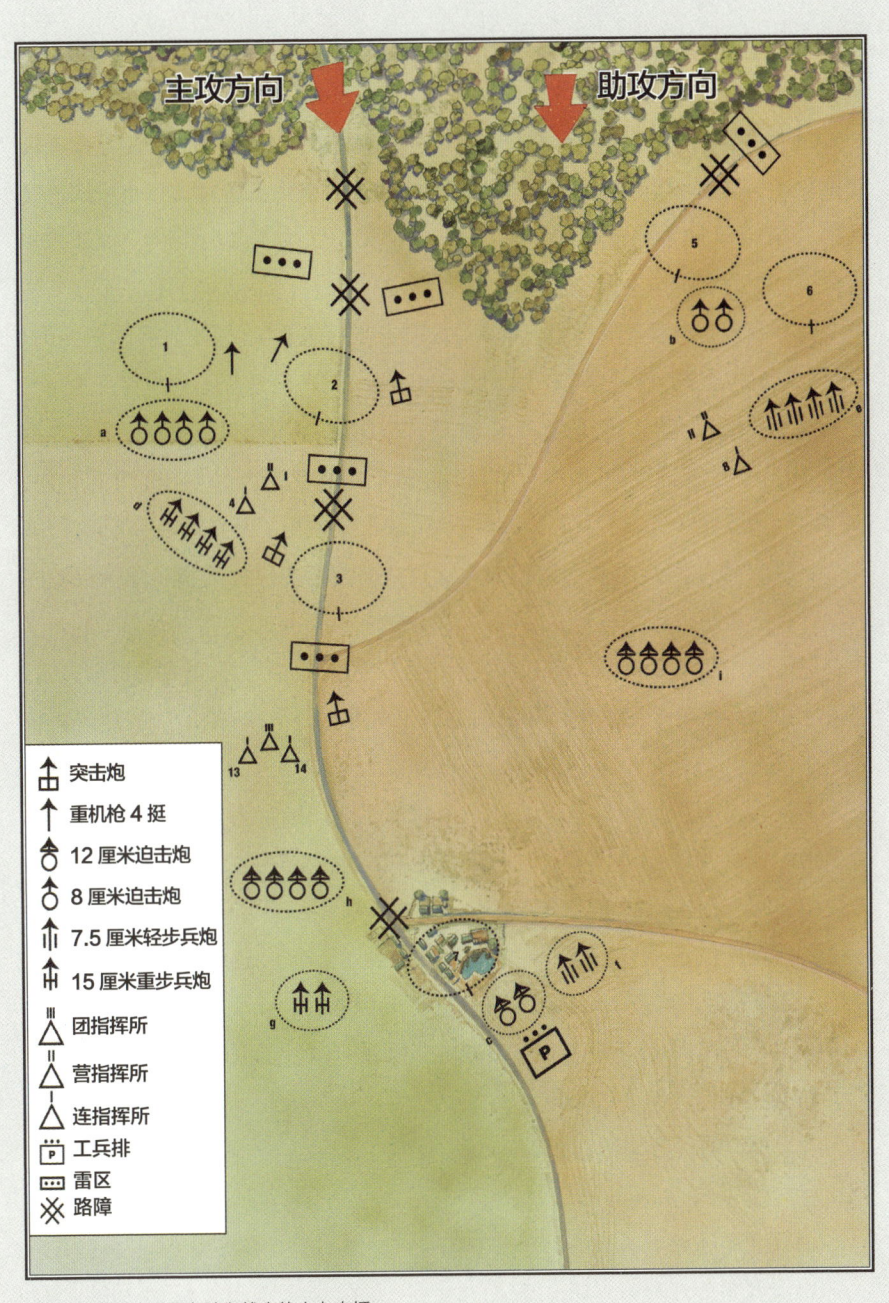

1944年德国步兵团在防御战中的火力支援。

1944年德国步兵团在防御战中的火力支援

1944年的新型德国步兵团只有两个营。两个营的机枪连（分别是第4连和第8连）被重组为"重武器连"，每个连拥有两个重机枪排（每个排四挺重机枪）、一个8厘米迫击炮排（拥有六门8厘米迫击炮），以及一个7.5厘米步兵炮排（拥有四门7.5厘米步兵炮）。团部步兵炮连（第13连）有一个步兵炮排（拥有四门7.5厘米步兵炮，或者7.5厘米步兵炮和15厘米步兵炮各两门）和两个重迫击炮排（每个排四门12厘米迫击炮）。第14连则是"坦克歼击连"，这个连没有反坦克炮，而是装备了54具"战车噩梦"火箭筒（给三个排各分了18具）。由于武器短缺，很少有步兵团能装备齐全，而且大多数团的重机枪连、步兵炮连和坦克歼击连不仅武器数量不足，还混杂使用了其能获得的各种武器。

在防御作战时，德军通常把火力支援武器部署在纵深地带，用于保护阵地侧翼，覆盖防区内盟军坦克能够穿行的路线；用伐倒后交错堆叠起来的树木和小型雷区一起作为路障，并以轻重机枪和"战车噩梦"的火力来封锁道路。迫击炮和步兵炮将集中射击路障的前方或正上方。一个拥有四门7.5厘米自行火炮或突击炮的连被配属给步兵团，以提供火力支援。步兵团第7连和团预备队工兵排（有六挺轻机枪）会在一个村子里或周围待命。虚线圈内各子单位承担的任务均用字母代替，且在下文中有说明。因为重机枪排的任务只是支援相邻的步兵连（第1连和第2连，第5连和第6连），所以其图标旁并未标注字母。第14连的"战车噩梦"未在本图中展示。第14连被分成18个由2—3人组成的小组，这些小组分散在整个防区的纵深处，用交叉火力覆盖盟军坦克的接近通道。此外，每个步兵连最多可获得36具"铁拳"，而配备"战车噩梦"的第14连还拥有90具"铁拳"。

各子单位的任务如下：

(a) 支援第1连和第2连。

(b) 支援第5连和第6连。

(c) 支援第 7 连（团预备队）。

(d) 支援第 1 连和第 2 连。

(e) 支援第 5 连和第 6 连。

(f) 支援团预备队。

(g) 支援Ⅰ营；辅助支援Ⅱ营。

(h) 支援Ⅰ营。

(i) 支援Ⅱ营。

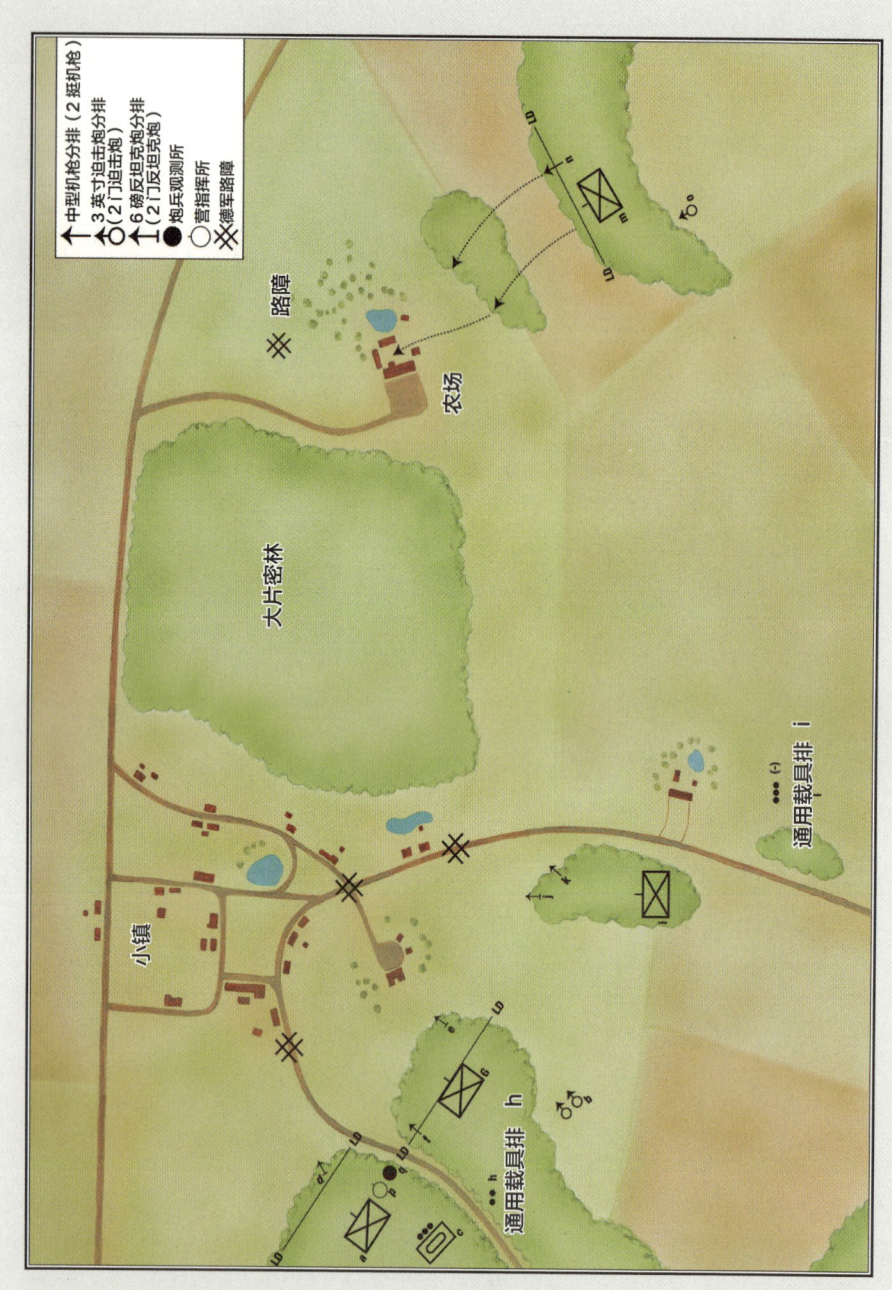

1944年，进攻中的英国步兵营。

1944年，进攻中的英国步兵营

与二战时其他国家的军队不同，英国及英联邦军队的步兵营有四个而不是三个步兵连。在营属和旅属支援火力方面，英国及英联邦军队要少于其他国家的军队，但他们的这四个步兵连还是具备很大的战术灵活性。

如图所示，A连和B连处于出发线或出发线后面，以便在三辆丘吉尔坦克的支援下对一个德国小镇发起主攻。在右后方，C连作为预备队，准备支援主攻部队。同时在英军右翼远处，D连将穿过一片小树林并发起助攻，以攻占一个由德军防守的农场。在主攻发起之前，英军将猛烈炮击小镇和大片密林区，以"护送"主攻连队接近目标。来自营部工兵排的工兵将负责突破路障。

步兵营主要依赖的支援火力是其支援连下属的反坦克炮排（拥有六门6磅反坦克炮）、迫击炮排（拥有六门3英寸迫击炮）和通用载具排。通用载具排的58个人和13辆通用履带式布伦机枪运载车（每辆车配备四名乘员）被分为四个分排（加上一个拥有12辆用于侦查和传递信息的摩托车的分排）。每个通用载具分排有三挺布伦轻机枪、一门2英寸迫击炮和一具PIAT，这使得整个通用载具排在火力上已经超过了一个步枪连。通用载具排可以执行侦察、侧翼掩护和近距离火力支援任务，还可作为机动预备队，增加防御的纵深，以及向前线运送补给并将伤员带回后方。在本图中，通用载具排已经分散开，以便同时支援主攻连队和增援作为预备队的C连。另外一些载具则负责运输支援连的3英寸迫击炮与师部机枪营的维克斯中型机枪。支援连的6磅反坦克炮由更重型的罗伊德TT载具牵引，而且英军还会为一门6磅反坦克炮多配备一辆罗伊德TT载具，用来运载弹药、一门可发射烟幕弹和照明弹的2英寸迫击炮，以及一挺用于近距离防卫的布伦轻机枪。

步兵连的布伦轻机枪（每个连九挺）、2英寸迫击炮和PIAT（每个连三具）没有在本图中标出。本图中使用的是美军的战术符号。

各单位的任务如下：

(a) A连，负责攻占小镇左半边，此时位于出发线后方。

203

(b) B 连负责攻占小镇右半边，正在出发线上。

(c) 坦克小队伴随 A 连攻击。

(d) 6 磅反坦克炮分排前出支援 A 连。

(e) 6 磅反坦克炮分排前出支援 B 连。

(f) 配属的中型机枪分排支援 B 连的进攻。

(g) 两个 3 英寸迫击炮分排支援 A 和 B 连的进攻。

(h) 通用载具排派遣的分排携带弹药并跟随主攻部队，如遇德军反击，则提供火力支援。

(i) C 连准备支援主攻方向，在德军反击时增援主攻连队。

(j) 6 磅反坦克炮分排支援 B 连进攻。

(k) 配属的中型机枪分排在主攻方向右翼警戒大片密林区。

(l) 通用载具排剩余的三个分排作为机动预备队配属 C 连。

(m) D 连负责对农场发起主攻，然后扫荡大片密林区。

(n) 配属的中型机枪分排支援 D 连对小树林发起的攻击，随后又搭乘载具，以支援 D 连对农场发起的攻击。

(o) 3 英寸迫击炮分排支援 D 连的进攻。

(p) 营指挥部。

(q) 炮兵观测位。除了英国与英联邦军队，本章节所提及的其他部队在战术地图上都用三角形符号来表示炮兵观测位。

美军重机枪分排，1945年。

美军重机枪分排，1945年

本图绘制的是，1945年2月位于德国的美军第29步兵师的一个机枪分排的一部分。分排中的两名班长，以及机枪班的四名弹药手中的三名没有绘制出来。

在美军一个三营制步兵团中，D连、H连和M连是各营的重武器连，其中的1排和2排为机枪排（每个排有四挺0.30英寸M1917A1水冷式重机枪），3排为迫击炮排（装备了六门81毫米迫击炮）。编制为36人的重机枪排，被分成一个编制为6人的排部和两个各15人的机枪分排。每个机枪分排由一名中士（1945年2月改为上士）指挥，并且被分成两个七人制的机枪班（各由一名下士带领）。排部有一辆0.25吨吉普车，上面有两具用于自卫的巴祖卡火箭筒。每个机枪班有一辆带拖车的吉普车，用于运送机枪、弹药和附属设备。从理论上来说，机枪班的吉普车的中控台处可安装M48机枪架，但是这种情况很少见。在下车后，机枪班的士兵可用5具胶合木背板来搬运物资：一具用于搬运机枪，一具用于搬运三脚架，其他的则用于搬运九个250发装弹药盒和两加仑水箱。

机枪班的标准编制为一名下士班长（后改为中士）、机枪射手、副射手和四名弹药手（其中一名还担任吉普车司机）。分排长和班长使用的是0.30英寸M1步枪，后者还装备了M7榴弹发射器。机枪射手与副射手以0.45英寸手枪作为自卫武器，弹药手使用的则是0.30英寸M1卡宾枪，吉普车司机还有一具M8榴弹发射器。图片中的几人分别是：

上士分排长（1）。
射手（2）和副射手（3）。
弹药手（4）。

当一个有两挺机枪的分排或一个有四挺机枪的排（取决于"打击区"大小）通过间接射击协同攻击远距离目标时，该单位即"处于待发"状态。各机枪之间的间隔为10—20码，以避免相邻的两挺机枪被敌军同时摧毁。机枪分排可对 3000 码以外的远距离目标进行间接射击，但实际上在 2000 码以外就无法保证其射击精度了。此外，机枪的三脚架需要用沙包来加固。实心弹或穿甲弹都会被用到，且每五发子弹里会加入一发曳光弹。实战证明，穿甲弹能击穿工事的常用覆盖材料和轻型装甲板。排部里有用来辅助识别目标和绘制射击图的地图模板、画图板、放大镜、指南针和双筒望远镜。每个机枪班有一具测角仪（由中士携带），用于在执行间接射击时确定机枪的仰角。除了射程和仰角，射手在远程射击时还要考虑机枪与目标之间的高度差。例如，机枪的位置哪怕只比目标高了一点，"坠射"的弹着点就会落到目标后方。

图中背景处有一辆手推车——重机枪甚至可以直接放在上面射击。手推车由两名士兵拖拉，上面存放有水箱、五个弹药盒和一根备用枪管。此外，这个机枪分排应该还有一辆手推车（本图中未绘制出来），车上会存放 10 个或更多的弹药盒，以及工具和配件。

英军 3 英寸迫击炮组，1943 年。

英军3英寸迫击炮组，1943年

布朗德式3英寸Mk II迫击炮是英国和英联邦军队的标准装备。二战前，英军步兵营营部连的迫击炮排只有两门炮，在1938—1940年间由一名三级准尉（"排军士长"，一种试验性军衔，会授予一个被选中的士官，他可以领导一个排并代替委任的军官）指挥。二战初期，一部分迫击炮排会拥有四门迫击炮。1941年，一些迫击炮排拥有六门迫击炮。此时，整个排有46人，由一名少尉带领的一个四人排部指挥。从1943年5月起，迫击炮排被划归步兵营新成立的支援连指挥。

二战爆发时，3英寸Mk II迫击炮的射程只有1600码，比同口径的德国和意大利的迫击炮的射程短。因此，轴心国军队会把迫击炮布置在英军迫击炮的射程外。在北非作战时，第八集团军偶尔会使用缴获的轴心国迫击炮及其弹药，以增大射程。后来，在加装发射药包后，Mk II的射程也增加到了2750码。

英军迫击炮组由七人组成：指挥官（中士）、下士、勤务兵（传令兵）和其他四人。整个迫击炮组会搭乘一辆15英担卡车或一辆安装了迫击炮运输架的通用载具（由迫击炮组之外的士兵负责驾驶）。一门迫击炮要有效运作，需要四个人进行操作。在下车后，图中的1号（中士指挥官）携带座钣和瞄准具，2号（下士）携带炮管和备件包，3号携带可调节式两脚架，4号携带的弹药装在三个用两条金属丝和木楔固定在一起的纤维板弹药筒中。

在射击时，1号位于迫击炮左侧，负责安放炮管和下达开火命令；2号作为装填手，位于迫击炮右侧；3号负责整备弹药，包括检查"附加药包"的外表，拧下炮弹顶部的安全帽，以及把炮弹递给装填手；4号负责打开弹药筒——弹药筒两端被薄锡片封闭，而且环绕药筒的带搭扣的织物带可作为提拉把手。在前线，1号和2号的实际军衔经常比规定的要低，因为军队补充士官的速度跟不上士官伤亡的速度。图中1号（标志显示其来自第46步兵师第128步兵旅汉普郡团第5营，背景是1943年10月的意大利战场）的军衔为下士，其他人都为二等兵。

涂有黄色色带的弹药筒装的是高爆弹，而涂有绿色色带的弹药筒装的是白磷烟幕弹。10磅重的高爆弹战斗部装有1.2磅重的阿马托与TNT炸药（配比为

80∶20），由162号瞬发引信引爆。390号延时引信用于引爆烟幕弹和照明弹（又被称为"星星"）。外壳涂有"珂巴"清漆的高爆弹，呈现出青铜棕色，其肩部有一条红色填充带；炮弹尾管（在工厂时已装填了无烟发射药）和尾翼为黑色；附加药包原先采用赛璐珞材质的外壳，但英军在二战中期就改用米黄色的圆柱形织物药包了（以便用穿过炮弹尾翼孔的金属丝将其固定在尾翼之间）。一个迫击炮组初始配发的药包为120个。

所有军队都会要求士兵将迫击炮阵地挖成圆形或方形（英联邦军队的规定为长6英尺，宽10英尺，深3.5英尺）的。不过，迫击炮组很少有时间按照相关规定去构筑阵地，而是经常直接使用天然的洼地、浅坑，或者以弹坑、沟渠、墙壁和瓦砾堆等充当现成的掩体。注意图中的迫击炮阵地的细节（从左往右）：一名班组人员的SMLE步枪；一根备用的黑白瞄准杆，用作火力调整的参考点（大多数军队使用红白相间的瞄准杆）；"博伊斯"反坦克枪和弹匣携行具；迫击炮清洁杆；T形手柄铲子；用来清理灌木丛的弯刀。1号身上斜挎着一个皮革瞄准具包，手里拿着炮口罩。这门迫击炮由于使用时间较长，其炮管前段的油漆已经脱落。

德军 7.5 厘米轻型步兵炮排，1940 年。

德军7.5厘米轻型步兵炮排，1940年

德军7.5厘米Le.IG18轻型步兵炮是一种为提供近距离火力支援而进行了优化的小型火炮，它又被称为"步兵75炮"（Infanterie Sieben-Funf）或"矮胖子"（Stumpf）。Le.IG18轻型步兵炮主要被用于攻击碉堡和其他类型的据点，但8厘米迫击炮出现后，它就显得有些多余了。步兵炮比迫击炮更复杂，造价也更高，其班组人员也需要接受更多的训练。Le.IG18轻型步兵炮的优点在于它的射程达到了3870码（在使用12磅11盎司重的炮弹时），这比8厘米mGrW34迫击炮的射程远800码。步兵炮炮弹的引信可以设置为瞬发或穿透工事顶部覆盖物后延迟0.15秒引爆。不过，步兵炮的重型炮弹也只有1.44磅重的爆炸装药，与更轻的迫击炮炮弹的爆炸装药量相当。

Le.IG18轻型步兵炮使用的是半固定装药，装填炮弹前需要先将弹头从弹壳上取下，然后取出（"切掉"）部分发射药来调节射程，最后再把弹头装回去。由柳条、木板或金属制成的弹药箱里装有三发炮弹。这种步兵炮的直射能力在对付点目标时很有效，它也可与装甲战斗车辆交战，但其所用的空心装药战斗部只有55毫米的穿甲能力。它在精度上不如高初速的反坦克炮，使用手轮转动的速度很慢，射界也只有12度。而且，Le.IG18轻型步兵炮的射速为每分钟8—12发，比迫击炮的射速慢多了。由于重达880磅，Le.IG18轻型步兵炮、"待发"弹和其他设备需要四匹牵引马运输（但短途转移可只用两匹）。该炮的前车和弹药箱还需要另外四匹马牵引。一门步兵炮需要八匹马，整个步兵炮连共需要88匹挽马和45匹乘马，但实际上经常没那么多马可用（两门各重1.5吨的sIG33重步兵炮各需要六匹马来牵引火炮与前车）。步兵炮承担的任务决定了它需要经常转移位置，因此它也被戏称为"吉卜赛炮"。虽然炮组成员可使用有吊钩的皮革或帆布牵引带（如图中两名弹药手身上斜跨着的牵引带），在极短的距离内转移Le.IG18轻型步兵炮，但它相对笨重，而且其马队也会给后勤造成巨大负担。相比起来，重125磅的8厘米迫击炮可由三个人或一辆手推车搬运。

在德军的步兵炮排（拥有两门炮）中，一个炮组有10名成员（包括马队

的两名驭手。因此，图中炮组的两名驭手和马匹大概躲在农舍后面）。实际作战时，四个人（一名士官炮长、一名炮手和两名弹药手）即可操作一门步兵炮。如果步兵炮排属于摩托化部队，其配备的步兵炮则会使用橡胶轮胎，而且每门炮和前车都由一辆轻型越野车牵引。步兵炮的防盾可保护炮组人员免遭机枪火力杀伤。在处于牵引状态时，防盾底部铰接的裙板会被收起。注意看，图中这两门步兵炮的防盾拥有波浪形的边缘，并涂有二战前的棕色与绿色伪装图案，这是为了让步兵炮在植被中不那么显眼。大多数部署在后方的火炮都会使用单色涂装，德军认为这样的涂装足以使火炮躲过飞机的高空侦察。但在前线，步兵炮和反坦克炮经常会被涂上迷彩图案。

为步兵提供支援的苏联 45 毫米反坦克炮，1943 年。

为步兵提供支援的苏联45毫米反坦克炮，1943年

图中的45毫米M1937反坦克炮是37毫米M1930反坦克炮的放大版。M1937重1257磅，炮管长66.8英寸。使用3磅2盎司重的穿甲曳光弹时，M1937在500米外的穿深为60毫米，在1000米外的穿深为55毫米。因此，它在对付大多数德国坦克时，会攻击其侧面而不是正面。苏联红军选择用45毫米反坦克炮来代替37毫米反坦克炮，有部分原因是前者的高爆弹在杀伤人员方面更有效，发射烟幕弹和霰弹时效果也更好。

M1942反坦克炮是M1937的"炮管加长版"，前者不仅炮管更长（116.8英寸），还做了其他改进，以提高炮弹初速和射击精度并增大射程。从1943年起，M1942在反坦克用途上开始被更优秀的57毫米ZiS-2取代。当M1937被分配到步兵团一级部队中后，它实际上就成了一种直接火力支援武器——在火力压制敌军部队和敌军阵地时发挥了重要作用。除了76毫米步兵炮、82毫米迫击炮、120毫米迫击炮和反坦克枪，M1937也为苏联红军步兵团提供了大量火力支援。M1937的射速为每分钟15—20发，这使其在近距离伏击战时效率极高。在这种伏击战中，反坦克炮经常单枪匹马作战，但偶尔也会集群作战。

图中，一名炮手刚刚向森林道路上的一个德军自行车侦察班发射了一枚霰弹。在一次有准备的防御战中，班组人员会为反坦克炮构筑工事，但更常见的是，他们会利用任何能提供掩护或隐蔽的地方。M1937的防盾（厚度为7毫米）上方三分之一的部分，可以向前折叠以降低反坦克炮的高度。和大多数反坦克炮一样，M1937的防盾下方也有一个铰接的裙板，可用来抵挡地面跳弹。而且，苏军也经常使用沙袋来加强该裙板。

苏军步兵团属反坦克炮连由一个六人的连部，以及三个各有两门炮和17个人的排组成。从1943年开始，苏军步兵营增加了一个反坦克炮排。挂在前车上的M1937可由四匹马，或者各式轻型卡车牵引。

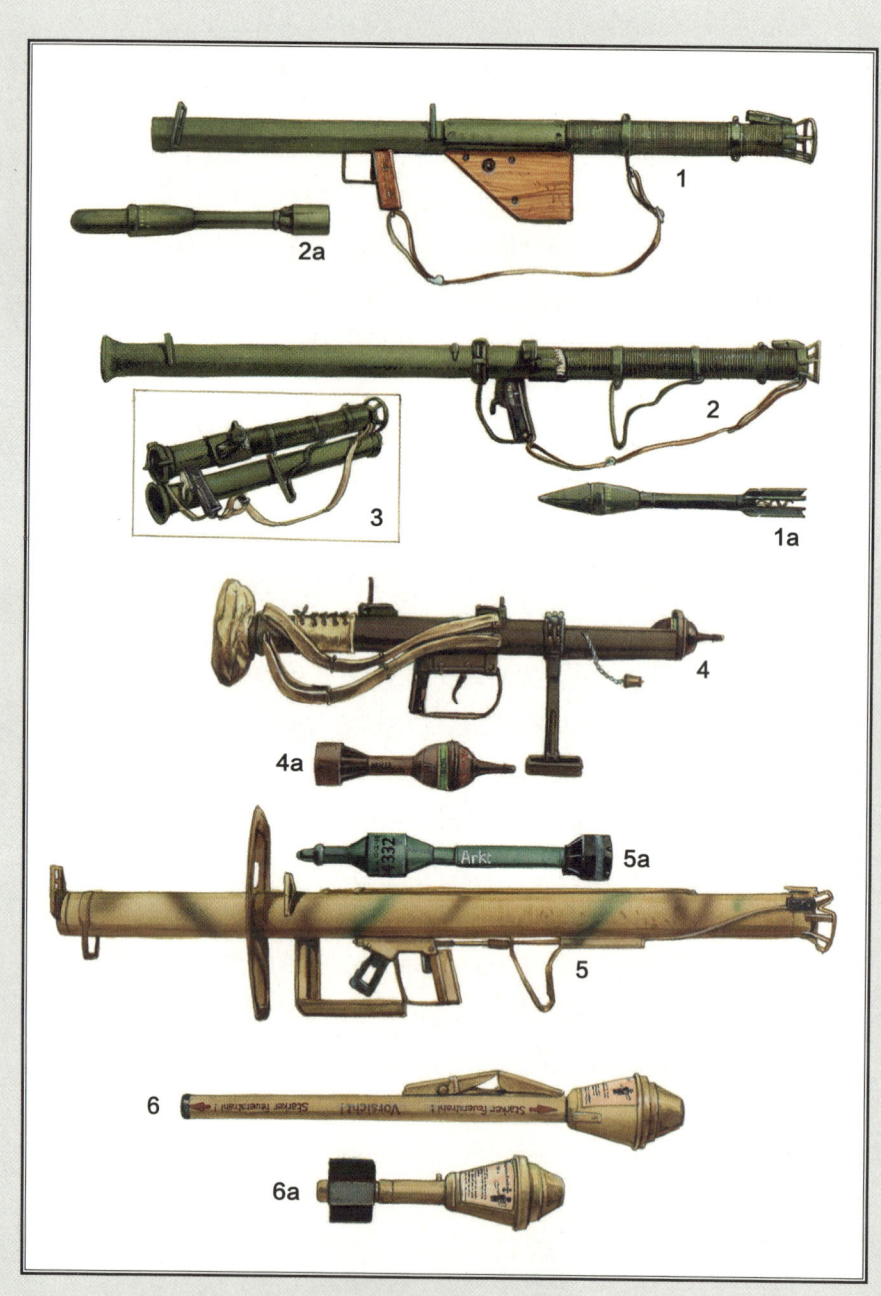

肩扛式反坦克武器，1943—1945 年。

肩扛式反坦克武器，1943—1945年

肩扛式火箭推进武器或无后坐力武器于1943年开始被连和排一级的步兵部队广泛使用，并于1944年被完全接受。这类武器把两种成熟但有了新突破的技术（空心装药弹头和紧凑型高速火箭）结合了起来。这类武器可使步兵隐蔽地靠近坦克，也可使步兵通过机动进入有利的射击位置，以轻武器"猎杀"坦克。除了坦克，它们还能有效摧毁野战防御工事和建筑物。肩扛式反坦克武器的大量配发，对坦克部队造成了重大威胁。

第一个装备此类武器的是美军，他们于1942年11月在北非首次使用了2.36英寸M1反坦克火箭发射器（又被称为"巴祖卡"或"烟囱"）。这种火箭发射器未出现在此图中，但可通过它的两个前握把来进行辨认。由M1改进而来且装备范围更广的M1A1（图中编号1），于1943年年末被投入实战。M6、M6A1和M6A2破甲弹（图中编号1a）带有尖头和刀片状尾翼。早期生产型M6火箭弹的表面为黄色，并带有黑色标记。M1A1重13磅3盎司，长54.5英寸，它在250码的射程内可以击穿4英寸厚的装甲。M1A1每分钟可发射4—5发火箭弹。

经过大幅改进的M9和M9A1（图中编号2）出现于1944年。为方便运输，这两种武器都可被分解成两段（图中编号3），二者的区别在于M9A1改进了两段发射管的接头。M9和M9A1都重15磅4盎司，长61英寸，在300码内可穿透5英寸厚的装甲。以圆形弹头和环形尾翼为特征的M6A3破甲弹（图中编号2a），穿透力更强、射程更远、精度和可靠性更高。在二战末期，有一些2.36英寸发烟火箭弹被用于标记目标和遮蔽敌军阵地。

与管状发射器不一样的是，英军的PIAT（图中编号4）使用的3.5英寸MK1A破甲弹（图中编号4a）被放在其顶部开口的滑槽里。扳机被扣动后，PIAT已经上膛的强力弹簧杆会把炮弹弹出，同时点燃炮弹尾撑中的推进剂。理论上，已点燃的推进剂还能给弹簧重新上膛。因此从严格意义上来说，它既不是火箭筒，也不是无后坐力炮。在首次发射前，PIAT需要士兵手动拉紧弹簧，

这需要很大的力气。PIAT 重 32 磅，长 39 英寸，它的炮弹可以在 115 码外穿透 100 毫米厚的装甲。如果上膛顺利的话，PIAT 的射速为每分钟四发。

对缴获的苏联红军通过"租借法案"获得的巴祖卡火箭筒进行仿制后，德军于 1943 年 10 月在东线战场投入了 8.8 厘米"火箭反装甲武器 54 型"（RPzB54，图中编号 5）。该火箭筒重 24 磅，去掉护盾后重 20 磅 1 盎司。它长 65 英寸，射程为 200 码，射速为每分钟 4—5 发。它更广为人知的名字是"战车噩梦"，德军在各条战线上都有使用——其发射的威力巨大的 RPzBGr 4322 火箭弹（图中编号 5a）能穿透 200 毫米厚的装甲。

"铁拳"不是常规意义上的火箭筒，而是一次性无后坐力反坦克榴弹发射器，可由士兵扛在肩上发射。发射时，发射管中的推进剂会推动超口径弹头飞出。在整个"铁拳"系列中，第一个型号是 1943 年年末问世的"铁拳 30"（数字表示建议的开火距离，单位为米）。它有两个版本，其中的小型版使用 33 毫米发射管和 95 毫米弹头，大型版使用 44 毫米发射管和 140 毫米弹头。先后于 1944 年中期和年末投入实战的"铁拳 60"与"铁拳 100"的发射管长度和弹头直径，与"铁拳 30"的大型版是一样的，但是改进了瞄准和发射机构。"铁拳 60"和"铁拳 100"虽外观相似，但后者使用了双发射药。"铁拳 60"（图中编号 6）是"铁拳"系列中被使用得最多的型号。它重 14 磅 14 盎司，长 41.4 英寸，可在 60 米内击穿 152 毫米厚的装甲。"铁拳 60"和"铁拳 100"使用的炮弹（图中编号 6a）带有折叠尾翼——发射之后，它会自动打开。

参考书目

Chappell Mike,*The Vickers Machine Gun*(Okehampton, Devon; Wessex Military Publishing, 1989)

Copp Terry,*The Fifth Canadian Infantry Brigade in World War II* (Mechanicsburg, PA; Stackpole Books, 1992)

Courtney Richard D,*Normandy to the Bulge: An American Infantry GI in Europe During World War II* (Carbondale, PA; Southern Illinois University Press, 1997 - regimental AT company)

Forty George,*British Army Handbook 1939-1945* (Phoenix Mill, UK;Sutton Publishing, 1998)

Lubbeck William, with David Hurt, *At Leningrad's Gate: The Story of a Soldier with Army Group North*(Havertown, PA; Casemate, 2010-regimental infantry-gun company)

Macdonald Charles B.,*Company Commander: The Classic Infantry Memoir of World War II* (Ithaca, NY; Buford Books, 1999)

Mansoor Peter R., *The GI Offensive in Europe: The Triumph of American Infantry Divisions*, 1941-1945 (Lawrence, KS; University Press of Kansas,1999)

Zaloga Steven J. and Leland S. Ness, *Red Army Handbook 1939-45*(Phoenix Mill, UK; Sutton Publishing, 2003)

US Army, *Breaching the Siegfried Line: XIX Corps 2 to 16 October 1944*(West Chester, OH; The Nafziger Collection, 2015)

US Army, *Handbook on the British Army with Supplement* (13 September,1942)

US Army, *Handbook on U.S.S.R. Military Forces*, TM 30-430(1 March,1946)

US Army, *Handbook on German Military Forces*, TM-E 30-451(1 March,1945)

"二战战术手册"系列丛书

WORLD WAR II TACTICS

英国鱼鹰社
(OSPREY PUBLISHING)

Elite丛书中译本
备受中国军迷痴迷的二战战术大全

01 二战战术手册：步兵班、排、连、营战术
02 二战战术手册：巷战与火力支援战术
03 二战战术手册：特混舰队战术与装甲步兵战术
04 二战战术手册：冬季作战、山地作战和反坦克战术
05 二战战术手册：U艇、滑翔机和日本坦克战术
06 二战战术手册：沙漠和河流突击战术
07 二战战术手册：两栖突击战术
08 二战战术手册：侦察和伪装战术
09 二战战术手册：丛林和空降战术
10 二战战术手册：野战通信和步兵突击战术

鱼鹰社产品长盛不衰的秘诀之一

■ 精美的插图！专业插画师绘制，彩色场景示意图，细节丰富、场景考究；

鱼鹰社产品长盛不衰的秘诀之二

■ 专业的考证！生动还原各国武器装备、战术的运用场景和实际运用情况。通过横向对比，梳理不同战场上的战术，剖析各国战术的实际运用情况和优缺点。